Božija Riječ za današnji svijet

Langham

PREACHING RESOURCES

Božija Riječ za današnji svijet

John Stott

 Langham

PREACHING RESOURCES

© 2021 © 2021 Književni izvršitelji John R.W.Stott-a

Izdavač: Langham Preaching Resources 2021
Publikacija Langham izdavaštva
www.langhampublishing.org

Langham Publishing i njihova izdanja su služba Langham Partnership

Langham Partnership
PO Box 296, Carlisle, Cumbria, CA3 9WZ, UK
www.langham.org

Naslov originala: God's Word For Today's World

ISBNs:
978-1-83973-561-5 Print
978-1-83973-562-2 ePub
978-1-83973-563-9 Mobi
978-1-83973-564-6 PDF

Svi navodi iz Pisma preuzeti sa www.biblija.biblija-govori.hr Jeruzalemska Biblija

Katalogizacija u British Library
ISBN: 978-1-83973-561-5

Naslovnica i dizajn: projectluz.com
Prijevod: Jelena Milićević

Sadržaj

Uvod

Dopustite mi da iznesem nekoliko stavki na početku.

Prvo, Biblija je i dalje svjetski bestseller (najprodavanija knjiga na svijetu). Zašto? Cijela Biblija je prevedena na više od 500 jezika, dok je samo Novi zavjet dostupan na skoro 1300 jezika. Neke procjene govore da je štampano više od 5 milijardi Biblija. Pa zašto ova stara knjiga ostaje na vrhu liste najprodavanijih?

Drugo, što je i veliki paradoks, je da je ova toliko prodavana knjiga u isto vrijeme i veoma zanemarivana knjiga. Vjerovatno, deseci hiljada ljudi koji kupe Bibliju nikada je ne čitaju. Čak i u crkvama, biblijsko znanje je veoma malo. Prije više od 60 godina, Cyril Garbett, nadbiskup Yorka je napisao da "većina muškaraca i žena (u Engleskoj) niti se mole, osim u slučaju neke užasne nužde, niti čitaju svoje Biblije osim da potraže pomoć za križaljku, niti ulaze u crkvu osim radi krštenja, vjenčanja ili sprovoda". A ako je to bila istina prije 60 godina, danas je još i više.

- Malo roditelja čita Bibliju svojoj djeci, a kamoli da ih poučava iz nje;
- Rijetki članovi crkve praktikuju svakodnevnu biblijsku meditaciju;
- Nekolicina propovjednika se svjesno hvata u koštac sa biblijskim tekstom kako bi razumjeli i originalno značenje i primjenu teksta za danas;
- Neki crkveni vođe su dovoljno drski da javno izraze svoje neslaganje sa jasnim biblijskim doktrinalnim ili etičkim učenjem.

To je tragična situacija. Šta može biti učinjeno da se to popravi?

Moja treća uvodna stavka govori o uvjerenju da je Biblija uistinu knjiga za danas. To je Božija riječ za današnji svijet. Sve donedavno, sve kršćanske crkve su prepoznavale njenu jedinstvenu inspiraciju i autoritet. Zasigurno, pokoravanje autoritetu Svetog pisma (ili kako bismo to trebali bolje izraziti, podložnost Božijem autoritetu koji nam se prenosi kroz Pismo) je uvijek bilo i još uvijek jeste glavna odlika evanđeoskih kršćana. Vjerujemo njegovim uputama. Primamo njegova obećanja. Pokušavamo poslušati njegove zapovijedi. Zašto? Uglavnom zato što vjerujemo da je Biblija Božija riječ, ali i zato što vjerujemo da nam kroz nju govori živim glasom. Biblija je bila knjiga za jučer. Bez sumnje će to biti knjiga za sutra. Ali za nas, Biblija je knjiga za danas.

Stoga, njena kontinuirana popularnost, njena žaljenja vrijedna zanemarenost i savremena relevantnost su tri dobra razloga zašto bismo trebali svoje misli usmjeriti na Božiju riječ za današnji svijet.

1

Bog i Biblija

Naša prva tema, 'Bog i Biblija' predstavlja nam temu otkrivenja. Zato bih vas zamolio da krenemo u tekst, Izaija 55,8-11. Sam Bog ovdje govori:

> "'Jer misli vaše nisu moje misli
>   i puti moji nisu vaši puti,' riječ je Jahvina.
> 'Visoko je iznad zemlje nebo, tako su puti moji iznad vaših
>   putova,
>   i misli moje iznad vaših misli.
> Kao što daždi i sniježi s neba bez prestanka dok se zemlja ne
>   natopi,
>   oplodi i ozeleni da bi dala sjeme sijaču i kruha za jelo,
> tako se riječ koja iz mojih usta izlazi ne vraća k meni bez
>   ploda,
>   nego čini ono što sam htio i obistinjuje ono zbog čega je
>   poslah.'"

Iz ovog sjajnog teksta postoje barem tri važne lekcije koje možemo naučiti.

Racionalnost objave: zašto Bog treba govoriti?

Neki ljudi smatraju teškim koncept objave. Ideja da bi se Bog trebao otkriti čovječanstvu djeluje nemogućom. "Zašto bi?", pitaju se, "i kako bi mogao?" Ali očito trebamo Boga da se otkrije. Boga ne možemo razumjeti osim ako nam se ne otkrije. Mnogi ljudi u svakom dobu su se našli zbunjeni pred tajnama ljudskog života i ljudskog iskustva. Tako, većina priznaje da im je potrebna mudrost izvan njih samih ako bi ikada uspjeli dokučiti značenje vlastitog bitka, a kamoli Božijega, ako uistinu Bog postoji. Dopustite mi da vas uputim na Platona, filozofa klasične Grčke. U Fedonu govori o tome kako moramo preploviti more tame i sumnje na malom 'splavu' vlastitog razumijevanja, 'ne bez rizika', dodaje, 'kao što priznajem, ako čovjek ne može naći neku riječ Božiju koja će ga sigurnije i bezbjednije nositi'.

Bez otkrivenja, bez božanskih uputa i smjera, mi ljudi se osjećamo poput brodića koji bez kormila pluta otvorenim morem; poput lišća bespomoćno nošenog vjetrom; poput slijepca koji pipa u tami. Kako da nađemo put? Još važnije, kako da nađemo Božiji put bez njegovih uputstava? Stihovi 8 i 9 nam govore da je ljudima nemoguće otkriti Boga samo vlastitom inteligencijom. ' Moje misli nisu vaše misli i moji putovi nisu vaši putovi. Kao što su nebesa visoko nad zemljom, tako su i moji putovi viši od vaših putova, a moje misli iznad vaših misli.' Drugim riječima, postoji veliki jaz između Božijeg uma i ljudskih umova. Tekst pokazuje kontrast između Božijih putova i misli s jedne strane, i ljudskih putova i misli s druge. To jest, između onoga što *mi* mislimo i činimo, i onoga što *Bog* misli i čini postoji ogromna provalija. Božije misli i putovi su toliko iznad čovječijih koliko su nebesa daleko od zemlje: to je beskonačno.

> Kako da nađemo Božiji put bez njegovih uputa?

Razmotrite Božije misli. Kako možemo otkriti njegove misli ili pročitati njegov um? Ne možemo čak ni čitati misli jedni drugima. Pokušavamo. Obraćamo pažnju na lica jedni drugih kako bismo vidjeli smiješak ili namrgođenost. Gledamo u oči jedni drugima kako bismo vidjeli sijevaju li ili trepere, jesu li ozbiljne ili vedre. Ali to je rizičan posao. Da stojim ovdje za propovjedaonicom u tišini, ozbiljna lica, ne biste imali pojma o čemu razmišljam. Pokušajte. Dozvolite mi da prestanem govoriti par trenutaka. I, što se događalo u mom umu? Ikakve ideje? Ne? Dobro, reći ću vam. Peo sam se ljestvama na zvonik Crkve *All Souls*, pokušavajući doći do vrha! Ali, to niste znali. Niste imali pojma o čemu razmišljam. Naravno da ne. Ne možete mi čitati misli. Ako stojimo u tišini, bezizražajna lica, nemoguće je čitati misli jedni drugih.

Koliko je manje moguće prodrijeti u misli Svemogućeg Boga? Njegov um je beskonačan. Njegove misli su iznad naših misli kao što su nebesa nad zemljom. Smiješno je i pomisliti kako bismo mogli prodrijeti u Božiji um. Ne postoje ljestve po kojima bi se naš maleni um mogao popeti do njegovog beskonačnog uma. Ne postoji most kojim bismo mogli premostiti procjep beskonačnosti. Ne postoji način kojim bismo mogli dokučiti ili shvatiti Boga.

Stoga je jedino razumno reći da ukoliko Bog ne preuzme inicijativu da otkrije što mu je na umu, mi to nikada ne bismo mogli otkriti. Ukoliko nam se Bog ne obznani, nikada ga ne možemo upoznati i svi će svjetski oltari – poput onoga koji je Pavao vidio u Ateni – nositi tragični naziv 'NEPOZNATOM BOGU' (Djela 17,23).

Ovo je mjesto za početak našeg proučavanja. To je mjesto poniznosti pred beskonačnim Bogom. Ali, to je i mjesto mudrosti, dok uviđamo racionalnost ideje objave.

Način otkrivenja: kako Bog govori?

Pošto smo uvidjeli da trebamo Boga da se otkrije, kako on to čini? U principu, na isti način kako mi otkrivamo sebe jedni drugima, to jest, *riječima* i *djelima*, stvarima koje govorimo i stvarima koje činimo.

a) Djela

Kreativna umjetnost uvijek je bila jedno od glavnih sredstava ljudskog samoizražavanja. Znamo da u nama postoji nešto što mora izaći i borimo se da se to rodi. Neki ljudi stvaraju glazbu ili pišu poeziju; drugi koriste neku od vizualnih umjetnosti - crtanje, slikanje ili fotografija, keramika, skulptura, rezbarenje ili arhitektura, ples ili drama. Zanimljivo je da je od ovih umjetničkih medija keramika najčešće korištena od Boga u Svetom pismu - vjerojatno zato što je lončar bio dobro poznata ličnost u selima Palestine.

Kreativna umjetnost je oduvijek bila jedno od glavnih sredstava ljudskog izražavanja. Znamo da postoji nešto u nama što mora izaći i trudimo se da se to rodi. Neki ljudi stvaraju muziku ili pišu poeziju; drugi su više okrenuti vizualnim umjetnostima – crtanje, slikanje, fotografija, lončarstvo, kiparstvo, rezbarenje ili arhitektura, ples ili drama. Zanimljivo je da od svih ovih umjetničkih izraza, Bog u Pismu najčešće koristi lončarstvo – vjerovatno jer je lončar bio dobro poznata ličnost u selima Palestine. Tako se za Boga kaže da je 'oblikovao' ili 'formirao' zemlju i čovječanstvo da na njoj prebiva (npr. Postanak 2,7; Psalam 8,3; Jeremija 32,17)

Štoviše, on se i vidi u njegovim djelima. 'Nebesa pričaju o Božijoj slavi, nebo objavljuje djelo njegovo.' (Psalam 19,1; Izaija 6,3). Ili, kao što Pavao piše na početku Poslanice Rimljanima 'Jer što se o Bogu može spoznati, očito im (paganskom svijetu) je: Bog im očitova. Uistinu, ono nevidljivo njegovo, vječna njegova moć i božanstvo, onamo od stvaranja svijeta, umom se po djelima razabire tako da nemaju isprike.' (Rimljanima 1,19–20). Drugim riječima, baš kao što se ljudski umjetnici otkrivaju kroz svoje slike, kiparstvo ili muziku, tako se božanski umjetnik otkriva u ljepoti, ravnoteži, kompliciranosti i poretku svog stvaranja. Iz stvaranja saznajemo o njegovoj mudrosti, sili i vjernosti. Ovo se obično naziva 'prirodno' otkrivenje, jer nam je dato u i kroz 'prirodu'.

b) Riječi

Međutim, Izaija 55 se ne odnosi na djela, već na drugi i direktniji način na koji se međusobno upoznajemo i na koji se nama Bog objavio, kroz *riječi*. Govor je najpotpunije i najfleksibilnije sredstvo komunikacije između dvoje ljudi. Ranije sam spomenuo da, ako bih stajao za propovjedaonicom u tišini i bezizražajnog lica, vi ne biste mogli otkriti što se događa u mom umu. Ali sada se situacija promijenila. Sada znate što razmišljam, jer više ne šutim. Ja govorim. Odijevam misli svog uma u riječi svojih usta. Riječi koje izlaze iz mojih usta vam prenose misli mojega uma.

Govor je, znači, najbolje sredstvo komunikacije i govor je primarni model koji se u Bibliji koristi za ilustraciju Božijeg samo-otkrivenja. Pogledajmo ponovo naš tekst i pročitajmo stihove 10 i 11: "Kao što daždi i sniježi s neba bez prestanka dok se zemlja ne natopi, oplodi i ozeleni da bi dala sjeme sijaču i kruha za jelo, tako se riječ koja iz mojih. . .' Primijetite drugu referencu na nebo i zemlju: zato što su nebesa iznad zemlje kiša pada sa neba na zemlju i natapa je. Primijetite također da pisac ide pravo od misli u Božijem umu do riječi u Božijim ustima: 'tako se riječ koja iz mojih usta izlazi ne vraća k meni bez ploda, nego čini ono što sam htio i obistinjuje ono zbog čega je poslah.' Paralela je jasna. Kao što su nebesa viša od zemlje, ali se kiša spušta sa neba da natopi zemlju, tako su Božije misli iznad naših misli, ali se spuštaju prema nama, jer njegova riječ izlazi iz njegovih usta i tako nam prenosi njegove misli. Kao što je prorok ranije rekao: 'jer Jahvina su usta govorila' (Izaija 40,5). On se poziva na jedan od njegovih govora, ali ga opisuje kao poruku koja je došla iz Božijih usta. Ili, kao što je Pavao napisao u 2. Timoteju: 'Sve je Pismo Bogom nadahnuto'. To jest, Pismo je Božija riječ, koja izlazi iz Božijih usta.

Rekavši ovo, važno mi je dodati nekoliko kvalifikacija kako bih pojasnio naše razumijevanje kako je Bog govorio svoju Riječ.

> Pismo je Božija riječ koja izlazi iz Božijih usta

Prvo, *Božija riječ* (sada zapisana u Pismu) *je bila usko povezana sa njegovom aktivnošću.* Drugim riječima, on je govorio svom narodu djelima kao i riječima. On se otkrio Izraelu u njihovoj povijesti i tako usmjerio njegov razvoj, dovodeći ih i svom spasenju i svom sudu. Dakle, spasio je narod iz ropstva u Egiptu:

- sigurno ih je izveo preko pustinje i nastanio ih u obećanu zemlju;
- očuvao je njihov nacionalni identitet u doba sudaca;
- dao im je kraljeve koji će vladati nad njima, unatoč činjenici da je njihov zahtjev za kraljem djelomično bio odbacivanje njegovog vladanja;
- njegova osuda je došla na njh zbog njihove ustrajne neposlušnosti tako što su izgnani u Babilon;
- obnovio ih je i vratio u njihovu zemlju i omogućio im da izgrade ponovno svoju naciju i svoj hram.

Povrh svega, za sve nas grešnike i za naše spasenje, poslao je svog vječnog Sina, Isusa Krista, da bude rođen, da živi i radi, da pati i umre, da uskrsne i izlije Duha Svetog. Kroz sva ta djela, najprije u starozavjetnoj priči, ali ponajviše u Isusu Kristu, Bog se osobno i aktivno otkrivao.

Zbog tog razloga neki teolozi vole napraviti oštru razliku između 'osobne' objave (kroz Božija djela) i 'propozicijske' objave (kroz njegove riječi), a zatim da odbace njegove riječi u korist njegovih djela. Ova polarizacija je nepotrebna. Nema potrebe da biramo između ova dva načina otkrivenja. Bog je koristio oboje. Štoviše, oni su usko povezani jedan s drugim, jer Božije riječi su tumačile njegova djela. On je podigao proroke da objasne što je činio Izraelu i podigao je apostole da objasne što je činio kroz Krista. Istna je da je vrhunac njegovog otkrivenja osoba Isusa Krista. On je Božija riječ koja je postala tijelom. On je pokazao slavu Božiju. Vidjeti njega znači vidjeti Oca (pogledajte Ivan 1,14.18; 14,9). Bez obzira, ovo povijesno i osobno otkrivenje ne bi nam koristilo da nam zajedno s njim, Bog nije pokazao značaj osobe i djela njegovog Sina.

Moramo, stoga, izbjeći zamku postavljanja 'osobnog' i 'propozicijskog' otkrivenja jednog nasuprot drugom kao alternative. Tačnije je reći da se Bog otkrio u Kristu *i* u biblijskom svjedočanstvu o Kristu. Nijedno nije potpuno bez drugog.

Drugo, *Božija riječ nam je došla kroz ljudske riječi.* Kada je Bog govorio, on nije vikao ljudima glasom koji se čuje iz vedra neba. Ne, govorio je kroz proroke (u Starom Zavjetu) i kroz apostole (u Novom Zavjetu). Oni su bili stvarni ljudi. Božansko nadahnuće nije bio mehanički proces koji bi ljudske autore Biblije sveo na mašine. Božansko nadahnuće je bio osoban proces u kojem su ljudski autori Biblije bili u potpunom posjedu svojih sposobnosti. Moramo samo čitati Bibliju da bismo vidjeli da je to tako. Pisci narativa (a u Bibliji, i u Starom i u Novom zavjetu ima dosta povijesnog narativa) su koristili povijesne zapise. Neki su navedeni u Starom zavjetu. Luka nam na početku svog evanđelja govori o vlastitom mukotrpnom povijesnom istraživanju. Zatim, svi biblijski autori su razvili svoj vlastiti prepoznatljiv stil i teološki naglasak. Zato je Pismo tako bogato raznoliko. Ipak, kroz njihove različite pristupe, govorio je sam Bog.

Ova istina o dvojnom autorstvu Biblije (to jest, da je ona Božija Riječ *i* riječ ljudska ili bolje rečeno, Riječ Božija *izražena* ljudskim riječima) je biblijski vlastiti zapis o sebi. Starozavjetni Zakon se, na primjer, ponekad naziva 'Mojsijev zakon', a ponekad 'Zakon Božiji'. U Hebrejima 1,1 čitamo da je Bog govorio ocima po prorocima. U 2. Petrova 1,21, međutim, čitamo da su ljudi govorili od Boga kako su bili poticani od Duha Svetog. Znači, Bog je govorio i ljudi su govorili. Oni su govorili *od* njega, a on je govorio *kroz* njih. I jedno i drugo je istina.

Nadalje, moramo ih držati zajedno. Kako u utjelovljenoj Riječi (Isusu Kristu), tako i u pisanoj Riječi (Bibliji), božanski i ljudski elementi se kombinuju i ne suprostavljaju jedni drugima. Ova analogija, koja se razvila prilično rano u povijesti crkve se danas često kritikuje. I naravno da nije sasvim isto, pošto je Isus bio osoba, dok je Biblija knjiga. Ipak, analogija je i dalje korisna, s tim da se sjetimo njenih ograničenja. Na primjer, nikada ne smijemo potvrđivati Isusovo božanstvo na takav način da odbacujemo njegovu čovječnost, niti potvrđivati njegovu čovječnost tako da poričemo njegovo božanstvo. Isto je i sa Biblijom. S jedne strane, Biblija je Riječ Božija. Bog je govorio, odlučujući sam šta je želio reći, a ipak ne na takav način da isključi i promijeni osobnost ljudskih autora. S druge strane, Biblija je riječ ljudi. Ljudi su govorili, koristeći svoje osobnosti i sposobnosti, a ipak ne na takav način da bi iskrivili istinu božanske poruke.

Dvojno autorstvo Biblije će utjecati na način na koji je čitamo. Zato što je to ljudska riječ, trebali bismo je proučavati kao i svaku drugu knjigu, koristeći naš um, istražujući riječi i njihovo značenje, povijesno porijeklo i književnu kompoziciju. Ali, pošto je to također i Riječ Božija, trebali bismo je proučavati kao niti jednu drugu knjigu, na koljenima, ponizno, vapeći Bogu za prosvjetljenje i za službu Duha Svetog, bez kojeg nikada ne možemo razumjeti njegovu Riječ.

Svrha otkrivenja: zašto je Bog govorio?

Razmotrili smo *kako* je Bog govorio: sada, *zašto* je govorio? Odgovor nije samo da nas pouči, već i da nas spasi; ne samo da nam da upute, već posebno da nam da upute 'za spasenje' (2. Timoteju 3,15). Biblija ima ovu ozbiljnu praktičnu svrhu.

Vraćajući se na Izaija 55, ovo je naglasak u stihovima 10 i 11. Kiša i snijeg nam silaze s neba i ne vraćaju se. Ostvaruju svoju svrhu na zemlji. Natapaju je. Čine da pupa i buja. Čine je plodnom. Na isti način, Božija riječ, koja izlazi iz njegovih usta i otkriva njegov um, ne vraća se Bogu prazna. Ostvaruje svrhu. A Božija svrha kad šalje kišu na zemlju i njegova svrha kad ljudima govori svoju Riječ su slične. U oba slučaja dolazi do plodnosti. Njegova kiša čini plodnom zemlju; a njegova Riječ ljudske živote. Spašava ih, preobražavajući ih u sliku Isusa Krista. Spasenje je zasigurno kontekst. Jer u stihovima 6 i 7, prorok govori o Božijem milosrđu i oprostu, a već u 12. stihu će govoriti o radosti i miru Božijeg otkupljenog naroda.

> Njegova kiša čini plodnom zemlju; njegova Riječ čini plodnim ljudske živote

U stvari, ovdje je glavna razlika između Božijeg otkrivenja u stvaranju ('prirodno', jer se objavljuje kroz prirodu i 'opće' jer se otkriva cijelom čovječanstvu) i njegovog otkrivenja u Bibliji ('nadnaravno', jer je dato nadahnućem i 'posebno' jer je dato određenim ljudima i kroz njih). Kroz stvoreni svemir Bog otkriva svoju slavu, moć i vjernost, ali ne i put spasenja. Ako želimo spoznati njegov milosni plan da spasi grešnike, moramo se okrenuti Bibliji, jer nam u njoj govori o Kristu.

Zaključak

Iz našeg teksta iz Izaije 55 naučili smo tri istine:

- Prvo, božansko otkrivenje nije samo racionalno, nego i neophodno. Bez njega nikada ne bismo mogli upoznati Boga.
- Drugo, božansko otkrivenje je kroz riječi. Bog je govorio kroz ljudske riječi i tako je objašnjavao svoja djela.
- Treće, božansko otkrivenje je za spasenje. Upućuje nas na Krista kao Spasitelja.

Moj zaključak je veoma jednostavan. To je poziv na poniznost. Ništa nije štetnije za duhovni rast od arogancije i ništa nije vitalnije za rast od poniznosti. Trebamo se poniziti pred beskrajnim Bogom, prepoznajući ograničenja našeg ljudskog uma (da ga sami nikada ne bismo mogli pronaći) i priznajući svoju vlastitu grešnost (da ga sami nikada ne bismo mogli doseći).

Isus je ovo nazvao poniznošću malog djeteta. Bog sakriva od mudrih i umnih, rekao je, ali objavljuje 'malenima' (Matej 11,25). Nije time omalovažavao naš um, jer nam ga je sâm Bog dao. Radije, pokazao je kako da taj um koristimo. Prava funkcija uma nije da stojimo i prosuđujemo Božiju riječ, nego da sjedimo u poniznosti pod njom, željni da čujemo, primimo, primjenimo je i poslušamo u svakodnevnom životu.

'Poniznost' djece se ne vidi samo u načinu na koji uče, već i u načinu na koji primaju. Djeca su ovisna o drugima. Ništa nisu zaradili. Sve što imaju, dano im je. Poput djece, trebamo 'primiti kraljevstvo Božije' (Marko 10,15). Jer grešnici ne zaslužuju i ne mogu zaraditi vječni život (život Božijeg kraljevstva); moramo se poniziti da bismo ga primili kao besplatni Božiji dar.

2

Krist i Biblija

Naša prva tema je bila 'Bog i Bilija'. Razmatrali smo porijeklo Pisma, odakle je poteklo – od velike teme otkrivenja, objave. Naša druga tema je 'Krist i Biblija': sada nećemo razmišljati o njenom porijeklu, nego o njenoj *svrsi*; ne odakle je došla, nego zašto je data? Naš tekst je Ivan 5,31-40. Isus razgovara sa svojim židovskim suvremenicima i kaže:

> Vi istražujete Pisma jer mislite po njima imati život vječni. I ona svjedoče za mene, a vi ipak nećete da dođete k meni da život imate.
>
> (Ivan 5,39–40)

Iz ovih Isusovih riječi doznajemo dvije značajne istine o Kristu i o Bibliji.

Pismo svjedoči o Kristu

Sâm Isus to jasno govori: "Pisma svjedoče za mene" (s. 39). Primarna funkcija Pisma je da svjedoči za Krista.

Kontekst našeg odlomka govori o svjedočanstvu za Krista: koja svjedočanstva mogu potvrditi tvrdnje Isusa iz Nazareta? On sâm nam govori. Za početak, on se ne oslanja na svoje vlastito svjedočanstvo o sebi, kao što je jasno iz stiha 31 – 'Ako ja svjedočim sam za sebe, svjedočanstvo moje nije istinito.' Naravno, Isus ovdje ne govori kako on laže o sebi. U stvari, on kasnije odbacuje kritiku farizeja insistirajući da je njegovo svjedočanstvo o njemu samom istinito (Ivan 8,14). Njegova poanta je da svjedočanstvo o samom sebi nije adekvatno: bilo bi nešto sumnjivo u tome kada bi jedino svjedočanstvo koje ima dolazilo samo od njega. Ne, on kaže, 'drugi svjedoči za mene' (s.32). Stoga svjedočanstvo na koje se on oslanja nije njegovo vlastito. Niti je to ljudsko svjedočasntvo, čak nije ni svjedočasnstvo tog iznimnog svjedoka, Ivana Krstitelja. 'Vi ste poslali k Ivanu i on je posvjedočio za istinu. Ja ne primam svjedočanstva od čovjeka...' (s.33-34)

Dakle, nije od mene, ali nije ni od ljudi, kaže Isus. Naravno, Ivan je bio 'svjetiljka što gori i svijetli' (s35), a oni su se htjeli 'samo za čas naslađivati njegovom svjetlosti.' Ali svjedočanstvo na koje se Isus oslanja je mnogo veće. Veće od njegovog svjedočanstva za sebe i veće od svjedočanstva ljudi, čak i Ivana. To je svjedočanstvo njegovog Oca. 'Otac koji me posla sam je svjedočio za mene' (s.37). Štoviše, Očevo svjedočanstvo za Sina je u dva oblika. Prvo, dato je kroz silna djela i čuda, za koja ga je Otac osposobio da čini (s.36). A drugo, i još izravnije, je dato kroz Pisma, koja su Očevo svjedočanstvo o Sinu. Stihovi 36-39 to jasno pokazuju:

> Ali ja imam svjedočanstvo veće od Ivanova: djela koja mi je dao izvršiti Otac, upravo ta djela koja činim, svjedoče za mene - da me poslao Otac. Pa i Otac koji me posla sam je svjedočio za mene. Niti ste glasa njegova ikada čuli niti ste lica njegova ikada vidjeli, a ni riječ njegova ne prebiva u vama jer ne vjerujete onomu kojega on posla. Vi istražujete Pisma jer mislite po njima imati život vječni. I ona svjedoče za mene...

Isus je dosljedno poučavao da je Stari zavjet bio Božija riječ koja svjedoči za njega. Na primjer, rekao je: 'Abraham, otac vaš, usklikta što će vidjeti moj Dan. I vidje i obradova se.' (Ivan 8,56). A u Ivan 5,46 kaže: 'Mojsije... je pisao o meni.' Ponovno 'Pisma...svjedoče za mene' (s.39). Na početku svoje službe, kada je otišao štovati u sinagogu u Nazaretu, pročitao je iz Izaija 61 o zadatku mesije i poruci oslobođenja i dodao je: 'Danas se ispuni ova riječ Pisma, koju ste upravo čuli.' (Luka 4,21). Drugim riječima: 'Ako želite znati o kome prorok piše, piše o meni.' Isus je nastavio govoriti ovakve stvari tokom cijele svoje službe. Čak i nakon uskrsnuća se to nije promijenilo, jer 'protumači im što u svim Pismima ima o njemu.' (Luka 24,27). Tako je od početka do kraja svoje službe, Isus izjavljivao da sva proroštva Starog zavjeta, u svoj bogatoj raznolikosti ukazuju na njega. 'Pisma... svjedoče za mene.'

Ali Isusovi židovski suvremenici su ovo svjedočanstvo propustili. Bili su marljivi studenti Starog zavjeta i o tome nema rasprave. 'Istražujete Pisma' Isus je rekao. I jesu. Provodili su sate i sate u brižljivom ispitivanju najmanjih detalja Starozavjetnog Pisma. Imali su običaj brojati riječi – čak i slova – svake knjige Biblije. Znali su da im je povjerena sama Riječ Božija (Rimljanima 3,2). Nekako su smatrali da će ih gomilanje detaljnog biblijskog znanja dovesti u pravi odnos s Bogom. 'Vi istražujete Pisma jer mislite po njima imati život vječni.' Kako čudno je to pomisliti da sama Pisma mogu dati vječni život! Pismo ukazuju na Krista kao davatelja života i potiče čitatelje da idu ka njemu da bi dobili život. Ali, umjesto da su išli Kristu da nađu život, zamišljali su da mogu naći život u samom Pismu. To je kao kada bi progutali liječnički recept umjesto da ga iskoristite da podignete i primite lijek!

Neki od nas činimo istu grešku. Imamo skoro pa praznovjeran stav prema čitanju Biblije, kao da samo po sebi ima neki magični učinak. Ali nema čarolije u Bibliji, niti u mehaničkom čitanju Biblije. Ne, pisana riječ upućuje na živu Riječ i kaže nam: 'Idi Isusu.' Ako ne idemo ka Isusu na kojeg Biblija ukazuje, potpuno promašujemo svrhu čitanja Biblije.

Evanđeoski kršćani nisu, ili ne bi smjeli biti ono za što nas ponekad optužuju, 'bibliopoklonici', štovatelji Biblije. Ne, mi se ne klanjamo Bibliji; mi štujemo Krista Biblije. Zamislite mladića koji je zaljubljen. Ima djevojku koja mu je osvojila srce. To može biti njegova zaručnica ili supruga, koju ljubi svim srcem. Zato u novčaniku nosi fotografiju svoje voljene, jer ga podsjeća na nju kada nije s njom. Ponekad, kada niko ne gleda, možda čak i izvadi fotografiju iz novčanika, prisloni je srcu ili je poljubi. Ali ljubiti sliku nije nadomjestak za pravu stvar. Tako je i s Biblijom. Volimo je samo zato što volimo onoga o kojem ona govori.

> Ako ne idemo ka Isusu na kojeg Biblija ukazuje, potpuno promašujemo svrhu čitanja Biblije.

To je glavni ključ za razumijevanje Pisma. Biblija je Božija fotografija Isusa. Ona svjedoči za njega. Tako, kad god čitamo Bibliju, moramo tražiti Krista. Na primjer, Starozavjetni zakon je bio naš 'čuvar' do Krista (Galaćanima 3,24). Pošto nas osuđuje radi našeg neposluha, čini nam Krista vitalno potrebnim. Dovodi nas k njemu, po kome jedinom možemo naći oproštenje.

Nadalje, Starozavjetne žrtve ukazuju na savršenu žrtvu za grijeh koja je jednom zauvijek prinešena na križu – Kristova žrtva za naše otkupljenje. Drugi primjer su učenja Starozavjetnih proroka koja govore o dolazećem Mesiji. Oni govore o njemu kao o kralju iz Davidove loze, za čije će vladavine biti mir, pravednost i stabilnost. Pišu o njemu kao o 'sjemenu Abrahamovom' po kojem će svi narodi na zemlji biti blagoslovljeni. Opisuju ga kao 'slugu patnika Gospodnjeg' koji će umrijeti za grijehe svog naroda i kao 'sina čovječjeg koji dolazi na oblacima' kojem će se svi pokloniti. Sve ove bogate slike Starozavjetnog proroštva svjedoče o Kristu.

Kada pređemo u Novi Zavjet, Isus Krist još jasnije dolazi u centar pažnje. Evanđelja su ga puna. Govore o njegovom rođenju i njegovoj javnoj službi, o njegovim riječima i djelima, njegovoj smrti i uskrsnuću, te o njegovom uznesenju i daru Duha Svetog. Knjiga Djela apostolskih nam govori što je Isus nastavio činiti i poučavati kroz apostole koje je izabrao i poslao. Poslanice izlažu Isusovu slavu u njegovoj božansko-ljudskoj osobi i njegovom djelu spasenja.

Kada stignete do posljednje knjige Biblije, do Otkrivenja, i ono je također ispunjeno Kristom. Jer tamo ga vidimo kako obilazi crkve na zemlji, sjedi na Božijem tronu na nebu, jaše pobjedonosno na bijelom konju i dolazi u sili i slavi.

> Biblija je Božija
> slika Isusa

Stari pisci su znali reći da će, baš kao što će vas u Engleskoj svaka staza i svaka seoska ulica naposljetku dovesti do Londona, tako i svaki stih i odlomak u Bibliji, povezujući se jedan na drugog, naposljetku dovesti do Krista. Pisma svjedoče za njega. To je prva istina koja je jasno iznesena u našem odlomku u Ivanu 5.

Krist svjedoči za Pisma

Kada je Isus govorio o svjedočanstvu Ivana Krstitelja, nazvao ga je ljudskim svjedočanstvom (Ivan 5,33-34) i dodao je da njegovo svjedočanstvo 'nije… od čovjeka'. Svjedočanstvo koje je on imao je bilo veće. To je Očevo svjedočanstvo iskazano djelima koja je činio (s.36) i njegovim riječima (s.38). Evo dakle, Isusove jasne izjave da su Starozavjetna Pisma riječi njegovog Oca i da biblijsko svjedočanstvo nije ljudsko nego božansko.

Ovo je također bilo dosljedno Isusovo učenje. U stvari, glavni razlog zašto se želimo podložiti autoritetu Biblije je taj da je Isus potvrdio da Biblija posjeduje Božiji autoritet. Ako želimo razumjeti ovu tačku (što i moramo), tada trebamo napraviti razliku između Starog i Novog zavjeta. Biblija je, naravno, sačinjena od oba, ali je Isus bio rođen i živio je u sredini, između njih. Posljedica toga je, da je način na koji je potvrdio jedan drugačiji od načina na koji je potvrdio drugi. Gledao je natrag na Stari zavjet, gledao je ka Novom zavjetu, ali je potvrdio oba.

a) Isus je potvrdio Stari zavjet

On ga nije samo opisao kao Očevu 'riječ' i 'svjedočanstvo', kao što smo vidjeli nego je i rekao 'Pismo se ne može dokinuti' (Ivan 10,35). Na početku propovijedi na gori izjavio je: 'Ne mislite da sam došao ukinuti Zakon ili Proroke. Nisam došao ukinuti, nego ispuniti. Zaista, kažem vam, dok ne prođe nebo i zemlja, ne, ni jedno slovce, ni jedan potezić iz Zakona neće proći, dok se sve ne zbude' (Matej 5,17-18). Njegov stav prema Starom zavjetu je bio stav podložnosti iz poštovanja, jer je vjerovao da se kroz podlaganje pisanoj Riječi, podlaže Očevoj riječi. Pošto je vjerovao da je ona od Boga, on je tumačio svoju misiju kao Mesije u svjetlu njenih proroštava i naglasio je da se određene stvari moraju dogoditi jer se Pismo mora ispuniti.

Nadalje, Isus je bio poslušan moralnim zapovjedima Starog zavjeta, kao kada je u kušnji u pustinji Judeje zapovijedio đavlu da ode od njega zbog onog što je pisano u Pismu. Koliko god bile suptilne i prepredene Sotonine kušnje, Isus nije bio spreman niti slušati niti pregovarati. On je bio odlučan da bude poslušan Bogu, ne đavlu i ono što je zapisano u Pismu je za njega bilo odlučujuće (npr. Luka 4,4.8.12).

Isus je također učinio Pismo svojom osnovom za žalbu u raspravama sa religioznim vođama tog vremena. Često je bio uvučen u kontraverze i u svakoj se prilici pozivao na Pisma. Kritikovao je farizeje što su svoje tradicije dodavali Pismu, kao i saduceje jer su uklanjali nadnaravno (npr. uskrsnuće) iz Pisma. Tako je Isus uzvisio Pismo kao Očevu riječ koju treba i vjerovati i biti joj poslušan. Nije dopuštao da se mijenja, bilo dodavanjem, bilo oduzimanjem od nje.

Naravno, izjavio je da je, s njim, došlo vrijeme 'ispunjenja' (npr. Marko 1,14-15) i da je vrijeme čekanja prošlo. To je značilo, kako su njegovi sljedbenici uskoro otkrili, da će pogani biti prihvaćeni u Božije kraljevstvo pod jednakim uslovima kao i Židovi, te da je židovski ceremonijalni sistem postao nepotreban, uključujući – prije svega – krvne žrtve, kao i zakone o prehrani (Marko 7,19).

U Evanđeljima ne postoji niti jedan primjer da se Isus nije slagao sa doktrinalnim ili etičkim učenjem Starog zavjeta. Ono čemu se suprotstavljao su bila pogrešna tumačenja pismoznanaca i iskrivljavanja Starog zavjeta. To je bila poenta u propovjedi na gori, u kojoj je šest puta kazao u afektu: 'Čuli ste ovo, ali vam ja govorim nešto drugačije.' Ono što su oni 'čuli' su bile takozvane 'tradicije starih'. Ta predanja je on kritikovao, a ne Mojsijeva učenja u zakonu. Jer ono što je zapisano u Pismu on je primao kao Očevu riječ.

Ako je to tako i dokaza je previše za to, moramo dodati da učenik ne može biti iznad učitelja. Nezamislivo je da kršćanin koji Isusa smatra svojim Učiteljem i Gospodinom, ima manji pogled na Stari zavjet nego što je on

> Nezamislivo je da kršćanin koji smatra Isusa svojim Učiteljem i Gospodinom ima manji pogled na Stari Zavjet nego što je on imao

imao. Koji je smisao nazivati Isusa 'Učiteljem' i 'Gospodinom', a zatim se ne slagati s njim? Nemamo slobodu da se ne slažemo s njim. Njegov pogled na Pismo mora postati naš. Pošto je on vjerovao Pismu, moramo i mi. Pošto je on bio poslušan Pismu, tako moramo i mi. On je snažno potvrdio autoritet Pisma.

b) Isus je omogućio pisanje Novog zavjeta

Baš kao što je Bog pozvao proroke u Starom zavjetu da zapišu i protumače ono što on čini, te ih 'poslao' da pouče djecu Izraela, tako je Isus pozvao apostole da zapišu i protumače što je on činio i govorio i zatim ih je 'poslao' da pouče crkvu, i zaista i svijet. Ovo je značenje riječi *apostolos,* osoba 'poslana' u misiju, na zadatak sa porukom. Ova paralela između Starozavjetnih proroka i Novozavjetnih apostola je namjerna. Isus je izabrao dvanaestoricu da budu s njim – da slušaju njegove riječi, gledaju njegova djela, a zatim svjedoče o onome što su čuli i vidjeli (s. Marko 3,14; Ivan 15,27). Zatim, obećao im je Duha Svetog koji će ih podsjećati na njegova učenja i dopuniti ih, uvodeći ih u svu istinu (Ivan 14,25-26; 16,12-13). Ovo objašnjava zašto je Isus mogao reći apostolima: 'Tko vas sluša, mene sluša; tko vas prezire, mene prezire.' (pogledajte Matej 10,40; Luka 10,16; Ivan 13,20). Drugim riječima, dao im je svoj autoritet, tako da stav ljudi prema apostolskom učenju odražava njihov stav prema njegovom učenju. Kasnije je Isus dodao Pavla i možda još jednog ili dvojicu apostolskoj grupi, dajući im isti apostolski autoritet.

Sami apostoli su prepoznali jedinstveni autoritet koji im je dan kao učiteljima crkve. Oni nisu oklijevali da se izjednače sa Starozavjetnim prorocima, potšo su oni takođe bili nositelji 'Riječi Božije' (npr. 1. Solunjanima 2,13). Govorili su i pisali u ime Isusa Krista i s njegovim autoritetom. Davali su zapovjedi i očekivali poslušnosti (npr. 2.Solunjanima 3). Čak su i davali upute da bi njihova pisma trebala biti čitana na javnom skupu, kada se kršćani okupe kako bi štovali i time ih stavili 'rame uz rame' sa Starozavjetnim pismima (npr. Kološanima 4,16; 1.Solunjanima 5,27). Ovo je početak prakse koja se nastavlja do današnjeg dana, da se u crkvi čita i Stari i Novi zavjet.

Zapanjujući primjer Pavlove svjesnosti svog apostolskog autoriteta se pojavljuje u njegovom pismu Galaćanima. Prešao je preko Taurskog gorja do Anatolijskog (Galacijskog) platoa da ih posjeti i stigao je bolestan. Spominje neku slabost, koja je vjerovatno utjecala na njegov vid (Galaćanima 4,13-16) i nastavlja: 'niste me prezreli ni odbacili, nego ste me primili kao anđela Božijega, kao Isusa Krista' (s.14). Primijetite da ih ne kori zbog toga. On ne govori: 'Pa što je s vama, kako ste mogli i pomisliti da mi iskazujete isto poštovanje koje biste dali Kristu?' Ne, on ih pohvaljuje zbog načina kako su se ophodili prema njemu. Nije to bila samo kršćanska ljubaznost koja ih je motivirala da izraze dobrodošlicu strancu. To je bilo više od toga. Oni su ga prepoznali kao božanskog poslanika, apostola, koji im je došao u Kristovo ime i sa Kristovim autoritetom. Stoga su ga primili kao da je sam Krist.

Ne samo da su apostoli razumjeli autoritet za poučavanje koji im je dan, nego je to razumjela i rana crkva. Čim su svi apostoli umrli, crkvene vođe su znali da su prešli u novo post-apostolsko razdoblje. U crkvi više nije bilo nikoga sa autoritetom Pavla, Petra ili Ivana. Biskup Ignacije Antiohijski (110 n.e.) koji je služio ubrzo nakon što je Ivan, poslijednji preživjeli apostol umro, je možda najraniji jasan primjer ovoga. Na putu ka pogubljenju u Rimu, Ignacije je napisao brojna pisma Efežanima, Rimljanima, Traljanima i drugima. Često je u tim pismima pisao: 'Ne zapovjedam vam poput Petra ili Pavla. Jer ja nisam apostol, nego osuđeni čovjek.' Ignacije je bio biskup crkve. Ali ipak, znao je da nije apostol i da stoga nije imao apostolski autoritet. Rana crkva je jasno razumjela ovu razliku. Zato kada je došlo vrijeme da se utvrdi kanon Novog zavjeta u trećem stoljeću, test kanonstva je bilo apostolstvo.

Osnovno pitanje koje je trebalo postaviti u vezi spornih knjiga je bilo: Je li je napisao apostol? Ako nije, vodi li porijeklo iz kruga apostola? Sadrži li učenja apostola? Je li ima dozvolu (imprimatur) apostola? Ako se i na jedan od ovih načina knjiga mogla pokazati 'apostolska' tada je njeno mjesto u kanonu Novog Zavjeta bilo osigurano.

Od ekstremne je važnosti da danas povratimo ovo razumijevanje jedinstvenog autoriteta Kristovih apostola. Oni su bili očevici uskrslog Gospoda (Djela 1,21-26; 1.Korinćanima 9,1; 15,8-10), koji su od njega primili posebno poslanje i nadahnuće. Nemamo stoga prava odbaciti njihova učenja kao da je riječ samo o njihovim vlastitim razmišljanjima. Oni nisu govorili niti pisali u svoje vlastito ime, već u Kristovo ime.

Zaključak

Dopustite da rezimiram. Vjerujemo Pismu zbog Krista. On je potvrdio Stari zavjet i omogućio je pisanje Novog zavjeta dajući svoj autoritet apostolima. Stoga primamo Bibliju iz ruku Isusa krista. On je onaj koji joj je dao svoj vlastiti autoritet. A pošto smo odlučni podložiti se njemu, odlučni smo podložiti se i Bibliji. Naša doktrina o Bibliji je povezana sa našom odanošću Isusu Kristu. Ako je on naš Učitelj i Gospod,

> Stoga primamo Bibliju
> iz ruku Isusa Krista

nemamo slobodu da se ne složimo s njim. Naš pogled na Pismo mora biti njegov.

U ovom trenutku neki ljudi upućuju razumljiv prigovor. 'Pismo svjedoči za Krista i Krist svjedoči za Pismo', govore, precizno sažimajući ovo što smo govorili. 'Ali zasigurno', nastavljaju, 'ova uzajamna svjedočenja, jedan svjedoči za drugog, to je kružni argument? Zar to ne pretpostavlja samu istinu koju želite dokazati? To jest, da biste pokazali nadahnuće Pisma, pozivate se na Isusova učenje, a vjerujete u Isusova učenja samo zbog nadahnuća Pisma. Zar to nije kružni argument, pa samim tim i pogrešan?' Ovo je važan prigovor s kojim se treba suočiti. Ali, u stvari naš argument je bio pogrešno naveden, jer je to linearno, a ne kružno rezonovanje.

Dozvolite mi da to kažem ovako: Kada prvi put slušamo biblijsko svjedočanstvo o Kristu, čitamo Novi zavjet bez unaprijed određene doktrine o nadahnuću. Jednostavno ga prihvatamo kao zbirku povijesnih dokumentata iz prvog stoljeća, što doista i jeste. Kroz ovo povijesno svjedočanstvo, međutim, sasvim odvojeno od bilo koje teorije o biblijskom nadahnuću, Duh Sveti nas dovodi ka vjeri u Isusa. Zatim nas ovaj Isus, u koga smo povjerovali, vraća natrag u Bibliju i daje nam u svom učenju doktrinu o Pismu koju nismo imali kada smo počeli čitati – ali sada nam on kaže da je ovo povijesno svjedočanstvo i božansko svjedočanstvo i da je kroz ljudsko posredništvo, kroz proroke i apostole, njegov Otac svjedočio za njega.

Kad god čitate Bibliju, preklinjem vas da se sjetite njene glavne svrhe. Pismo je Očevo svjedočanstvo o Sinu. Upućuje na njega. Govori nam: 'Idite njemu da biste našli život – život u izobilju – u njemu.' Stoga je svaka preokupiranost biblijskim tekstom koja ne vodi snažnijem predanju Isusu Kristu u vjeri, ljubavi, štovanju i poslušnosti, ozbiljno izopačena. Dovodi nas pod Isusov ukor: 'Vi istražujete Pisma jer mislite po njima imati život vječni. I ona svjedoče za mene, a vi ipak nećete da dođete k meni (o kome Pisma svjedoče) da život imate.'

Pismo (kako je Luther znao reći) je jaslice ili 'kolijevka' u kojima leži dijete Isus. Nemojmo pregledavati kolijevku, a zaboraviti da štujemo Dijete. Pismo je, mogli bismo reći, zvijezda koja još uvijek mudre ljude vodi ka Isusu. Ne dopustimo da nas

> Nije dovoljno posjedovati Bibliju, čitati Bibliju, voljeti Bibliju, proučavati Bibliju, znati Bibliju. Moramo se zapitati: Je li Krist Biblije centar naših života?

naša astronomska znatiželja toliko zaokupi da propustimo kuću kojoj nas zvijezda vodi, a u njoj samog Krista. Ponovno, mogli bismo reći, Pismo je kutija u kojoj je izložen dragulj Isusa Krista. Nemojmo dozvoliti da se divimo kutiji, a previdimo dragulj.

Vidite, nije dovoljno posjedovati Bibliju, čitati Bibliju, voljeti Bibliju, proučavati Bibliju, znati Bibliju. Moramo se upitati: *Je li Krist Biblije centar naših života?* Ako nije, svo naše čitanje Biblije je uzaludno, jer je upravo to velika svrha Biblije.

3

Duh Sveti i Biblija

Svi kršćani znaju da bi Biblija i Duh Sveti trebali nekako biti povezani jedno s drugim. Zaista, svi kršćani vjeruju da je u određenom smislu Biblija kreativno djelo Duha Svetog. Često potvrđujemo kao jedno od naših vjerovanja o Duhu Svetom da je 'on govorio kroz proroke'. Ovaj izraz nekako ponavlja mnoge slične fraze iz Novog zavjeta. Na primjer, naš Gospod Isus je jednom predstavio uvod iz Psalma 110 rekavši: 'A sam David reče u Duhu Svetom…' (Marko 12,36). Takođe, apostol Petar u svojoj drugoj poslanici je napisao da su 'proroci, iako ljudi, govorili od Boga poneseni Duhom Svetim' (2.Petrova 1,21) ili, kao što taj grčki glagol znači, oni su bili 'nošeni' Duhom Svetim, kao što bi bili nošeni silnim vjetrom. Stoga postoji važan odnos između Biblije i Duha Svetog koji trebamo istražiti.

Do sada smo rekli da je Bog autor Biblije i da je glavna tema Biblije Isus Krist. Sada moramo dodati i da je Duh Sveti njezin agent. Dakle, kršćansko razumijevanje Biblije je u osnovi razumijevanje Trojstva. Biblija dolazi od Boga, usredotočena je na Krista i nadahnuta je Duhom Svetim. Stoga je najbolja definicija Biblije takođe trinitarna (ili trojstvena): 'Biblija je Očevo svjedočanstvo o Sinu po Duhu Svetom'.

Koja je, onda, tačna uloga Duha Svetog u procesu otkrivenja? Kako bismo odgovorili na ovo pitanje, okrećemo se samoj Bibliji, a posebno 1.Korinćanima 2,6-16.

> Biblija dolazi od Boga, usredotočena je na Krista i nadahnuta je Duhom Svetim

"Mudrost doduše navješćujemo među zrelima, ali ne mudrost ovoga svijeta, ni knezova ovoga svijeta koji propadaju, nego navješćujemo mudrost Božiju, u Otajstvu, sakrivenu; onu koju predodredi Bog prije vjekova za slavu našu, a koje nijedan od knezova ovoga svijeta nije upoznao. Jer da su je upoznali, ne bi Gospodina slave razapeli. Nego, kako je pisano:

Što oko ne vidje,
  i uho ne ču,
i u srce čovječje ne uđe,
    to pripravi Bog onima koji ga ljube.

A nama to Bog objavi po Duhu jer Duh sve proniče, i dubine Božije. Jer tko od ljudi zna što je u čovjeku osim duha čovječjega u njemu? Tako i što je u Bogu, nitko ne zna osim Duha Božijega. A mi, mi ne primismo duha svijeta, nego Duha koji je od Boga da znamo čime nas je obdario Bog. To i navješćujemo, ne naučenim riječima čovječje mudrosti, nego naukom Duha izlažući duhovno duhovnima. Naravan čovjek ne prima što je od Duha Božijega; njemu je to ludost i ne može spoznati jer po Duhu valja prosuđivati. Duhovan pak prosuđuje sve, a njega nitko ne prosuđuje. Jer tko spozna misao Gospodnju, tko da ga pouči? A mi imamo misao Kristovu."

Važno je da sagledamo ovaj tekst u njegovom širem kontekstu. Do ovog trenutka u 1. Korinćanima, Pavao je naglašavao 'ludost' evanđelja. Na primjer, 'govor o križu ludost je onima koji propadaju' (1,18), i 'mi propovjedamo Krista raspetoga, Židovima sablazan, poganima ludost' (1,23). Ili, kako bismo danas mogli reći, poruka križa sekularnim intelektualcima zvuči glupo, čak besmisleno. Stoga Pavao sada dodaje ispravku u slučaju da njegovi čitatelji pomisle da on potpuno odbacuje mudrost i umjesto toga veliča ludost. Je li onda apostol protiv intelektualaca? Da li prezire razumijevanje i korištenje uma? Ne, zasigurno ne.

Stihovi 6–7: 'Mudrost, doduše, navješćujemo među zrelima… u Otajstvu, skrivenu, onu koju predodredi Bog prije vjekova za slavu našu'. Kontrast koji Pavao iznosi se ne smije zanemariti. Mi predajemo mudrost, piše, ali (a) samo zrelima, ne nekršćanima niti čak veoma mladim kršćanima; (b) to je Božija mudrost, nije svjetska mudrost i (c) ona je za našu slavu, to jest, naše krajnje usavršavanje kroz udio u Božijoj slavi, a ne samo da nas dovede opravdanju u Kristu. I mi trebamo slijediti apostolov primjer. U evangeliziranju nekršćana moramo se koncentrirati na 'ludost' evanđelja Krista raspetog za grešnike. Za izgradnju kršćana u potpunu zrelost, međutim, trebamo ih uvesti u razumijevanje Božije potpune svrhe. Pavao ovo naziva, u stihu 7, 'Božijom tajnom koja je bila skrivena', a u stihu 9 'stvarima koje je Bog pripravio onima koji ga ljube'. To se može spoznati, naglašava, samo otkrivenjem. 'Knezovi ovog svijeta' (sekularne vođe) to nisu razumjeli, jer da jesu, nikada ne bi raspeli 'Gospodina slave' (s.8). Međutim, oni nisu izuzetak, sva ljudska bića, prepuštena sami sebi, su u neznanju o Božjoj mudrosti i svrsi.

Božija svrha je, Pavao ovdje navodi (s.9), nešto što 'oko nije vidjelo' (nevidljiva je), 'što uho nije čulo' (nečujna je), 'u srce čovječje ne uđe' (neshvatljiva je). Ona je izvan dosega ljudskih očiju, ušiju i umova. Nije podložna naučnom istraživanju, čak ni poetskoj mašti. Potpuno je izvan dosega naših malih ograničenih umova, osim ako je Bog ne otkrije – što je upravo ono što je Bog učinio! Pogledajte ponovno: 'Što oko ne vidje, i uho ne ču, i u srce čovječje ne uđe, to pripravi Bog onima koji ga ljube' – ova nevjeovatna slava njegove svrhe – 'to nam je Bog objavio po Duhu'. Ovdje je naglašena riječ 'nam' i u ovom kontekstu se ne smije odnositi na sve nas, nego na apostola Pavla koji piše i njegove kolege apostole. Bog je dao posebno otkrivenje ovih istina posebnim organima otkrivenja (prorocima u Starom zavjetu i apostolima u Novom) i Bog je to učinio 'po Duhu'. Duh Sveti je bio posrednik ovog otkrivenja.

Sve je ovo, bojim se, prilično dugačak uvod koji će nam pomoći da sagledamo kontekst unutar kojeg Pavao dolazi do svoje teme Duha Svetoga kao posrednika otkrivenja. Ono što je dalje napisao je čudesno sveobuhvatna izjava. On ocrtava četiri faze djelovanja Duha Svetoga kao posrednika božanske objave.

Proničući Duh

Prvo, Duh Sveti je Duh koji ispituje (s. 10-11). Vrijedno je napomenuti, samo usput, ovo pokazuje da je Duh Sveti osoban. Samo osoba može 'ispitivati' ili 'pronicati'. Naravno, kompjuteri mogu obaviti veoma kompleksna ispitivanja mehaničke, analitičke vrste. Ali istinsko pronicanje uključuje više od sakupljanja i analiziranja statističkih podataka; zahtijeva izvornu zamisao. Ovo je, dakle, djelo koje Duh Sveti čini zato što ima um kojim razmišlja. Pošto je božanska osoba (a ne kompjuter ili neka maglovita sila ili utjecaj), trebamo se naučiti nazivati Duha Svetog 'on', a ne 'to'.

Pavao koristi dvije fascinirajuće male slike da ukaže na jedinstvene kvalifikacije Duha Svetog u djelu otkrivenja.

Prva je da 'Duh sve proniče, i dubine Božije' (s.10). To je isti glagol koji je Isus upotrijebio za Židove koji 'istražuju Pisma'. Duh Sveti je opisan kao neumorno znatiželjan istraživač, ili kao ronilac u dubokim morima koji nastoji izmjeriti najdublje dubine neizmjerljivog Svemogućeg Boga. Pošto je Bog beskrajan u svojoj dubini i Pavao odvažno izjavljuje da Duh Božiji proniče te dubine. Drugim riječima, sam Bog istražuje izobilje vlastitog bića.

Druga slika koju Pavao iznosi je preuzeta iz ljudskog samorazumijevanja. Stih 11'Jer tko od ljudi zna što je u čovjeku osim duha čovječega u njemu?' Ono što je u čovjeku, možda bismo nazvali našom 'ljudskošću'. Mrav nikako ne može ni zamisliti kako je to biti ljudsko biće. Niti to može žaba, ili zec, pa čak ni najpametniji majmun. Niti jedno ljudsko biće može potpuno razumjeti drugo ljudsko biće. Kako često kažemo, posebno u adolescentnom dobu, dok odrastamo: 'Jednostavno ne razumiješ; niko me ne razumije'. To je istina! Niko me stvarno ne razumije osim mene, a čak i je i moje razumijevanje samog sebe ograničeno. Na isti način niko tebe ne razumije osim tebe samog. Ovu mjeru samorazumijevanja ili samosvjesnosti Pavao primjenjuje na Duha Svetog: 'Tako i što je u Bogu, niko ne zna osim Duha Božijega' (s.11). Duh Sveti je ovdje povezan sa božanskim samorazumijevanjem ili božanskom samosvjesnošću. Baš kao što niko ne može razumjeti ljudsko biće osim tog ljudskog bića samog, tako nitko ne može razumjeti Boga osim samoga Boga. Kao što to pjevamo u staroj himni: 'Samo Bog zna ljubav Božiju'. Jednako tako možemo potvrditi da samo Bog zna mudrost Božiju, uistinu, samo Bog zna biće Božije.

Dakle, Duh ispituje dubine Božije i Duh poznaje stvari Božije. On ima jedinstveno razumijevanje Boga. Sada se postavlja pitanje: Što on radi s tim što proniče i pozna? Zadržava li tu jedinstvenu spoznaju za sebe? Ne. On je učinio ono što je samo on sposoban učiniti, on to otkriva. Proničući Duh je postao otkrivajući Duh.

Otkrivajući Duh

Ono što je Duh Sveti jedini spoznao, jedini on je objavio. Ovo je već rečeno u stihu 10: 'A nama (apostolima) je to Bog objavio po Duhu'. Sada Pavao nastavlja u stihu 12: 'A mi (apostoli) ne primismo duha ovoga svijeta, nego Duha, koji je iz Boga (naime Duha pronicanja i spoznaje), da znamo, što nam je darovano od Boga.' Apostoli su, zapravo, primili dva milosna dara od Boga – prvo, njegova milost u spasenju ('što nam je darovano od Boga') i drugo, njegov Duh koji ih je osposobio da razumiju njegovo milosno spasenje.

Sam Pavao je najbolji primjer ovog dvostrukog procesa. Kada čitamo njegova pisma, daje nam izvrsno izlaganje evanđelja Božije milosti. Govori nam što je Bog učinio za grešnike poput nas, koji su krivi i bez izgovora, te ne zaslužujemo ništa iz njegove ruke osim osude. Izjavljuje da je Bog poslao svog Sina da umre za naše grijehe na križu i da uskrsne, te da ako smo ujedinjeni s Isusom Kristom, vjerom iznutra i krštenjem izvana, tada umiremo s njim i ponovo uskrsavamo s njim i doživljavamo novi život u njemu. Upravo to je veličanstveno evanđelje koje nam Pavao otkriva u svojim pismima. Ali kako on zna sve to? Kako može davati tako opsežne izjave o spasenju? Odgovor je, prvo, jer je i on sam to primio. On iskustveno poznaje milost Božiju. Zatim, drugo, Duh Sveti mu je dan da mu protumači njegovo vlastito iskustvo. Tako mu je Duh Sveti otkrio Božiji plan spasenja, što u drugim poslanicama Pavao naziva 'otajstvom'. Proničući Duh je postao otkrivajući Duh.

Nadahnjujući Duh

Sada smo spremni za treći stadij: otkrivajući Duh je postao nadahnjujući Duh. Stih 13: 'To i navješćujemo, ne naučenim riječima čovječje mudrosti, nego naukom Duha'. Primijetite da u stihu 12 Pavao piše o onome 'što smo primili', a u stihu 13 o onome što 'mi navješćujemo'. Možda bih mogao razraditi tok njegovih misli poput: 'Primili smo ove milosne darove Božije, primili smo ovog Duha da nam protumači to što je Bog učinio za nas i šta nam je dato, sada mi predajemo drugima ono što smo primili.' Duh koji ispituje, koji je otkrio Božiji plan spasenja apostolima, ide dalje i preko apostola komunicira ovo evanđelje drugima. Jednako kao što Duh nije svoja ispitivanja zadržao za sebe, tako ni apostoli nisu zadržali za sebe njegovo otkrivenje. Ne. Razumjeli su da im je ono povjereno. Morali su prenijeti drugima ono što su primili.

Štoviše, to su prenijeli riječima, a njihove riječi su posebno opisane kao 'ne naučene riječi čovječje mudrosti, nego naučene od Duha' (s.13). Primijetite kako je Duh Sveti ponovno spomenut, ovaj put kao nadahnjujući Duh. Jer ovdje u stihu 13 nalazi se nedvosmislena tvrdnja apostola Pavla za 'verbalno nadahnuće'. To jest, same riječi kojima su apostoli zaodjenuli poruku koju im je Duh otkrio, bile su riječi koje ih je isti Duh naučio.

Uvjeren sam da je razlog zašto je ideja o 'verbalnom nadahnuću' danas nepopularna taj što je ljudi krivo razumiju. Za posljedicu toga, ono što odbacuju nije njegovo pravo značenje, nego karikatura. Stoga mi dozvolite da pokušam pojasniti koncept nekih glavnih zabluda. Prvo, 'verbalno nadahnuće' ne znači da je 'svaka riječ Biblije doslovno istina'. Ne, mi sasvim prepoznajemo da su biblijski autori koristili mnogo različitih književnih žanrova, te da se svaki mora tumačiti untar vlastitih pravila – povijest kao povijest, poezija kao poezija, usporedba kao usporedba itd. Ono što je nadahnuto je prirodan smisao riječi, prema autorovoj namjeri, bilo da je to doslovno ili figurativno.

Drugo, 'verbalno nadahnuće' ne znači verbalni diktat. Muslimani vjeruju da je Alah diktirao Kur'an riječ po riječ na arapskom jeziku Muhamedu. Kršćani ovo ne vjeruju o Bibliji jer, kao što smo već vidjeli, a kasnije ću još

naglasiti, Duh Sveti se prema biblijskim autorima odnosio kao prema oso-
bama, ne mašinama. Uz nekoliko manjih izuzetaka, čini se da su svi potpuno
posjedovali svoje sposobnosti dok je Duh komunicirao svoju Riječ putem
njihovih riječi.

Treće, 'verbalno nadahnuće' ne znači da je svaka rečenica u Bibliji Božija
Riječ, čak i izolirana iz konteksta. Jer, Biblija ne potvrđuje sve što je napisano
u Bibliji. Dobar primjer ovoga su dugi govori Jobovih takozvanih 'tješitelja'.
Njihova glavna teza koja se ponavlja iznova i iznova – da Bog kažnjava Joba
zbog njegovih grijeha – je bila pogrešna. U posljednjem poglavlju Bog im dva
puta govori: 'niste govorili istinu o meni' (42,7-8). Stoga se njihove riječi ne
mogu uzeti kao Božije riječi. One su uključene u Bibliju da bi im se proturije-
čilo, a ne da bi se podržavale. Nadahnuta Riječ Božija je ono što je potvrđeno,
bilo da je to uputa, zapovijed ili obećanje.

'Verbalno nadahnuće' znači da je ono što je Duh Sveti govorio i što još
uvijek govori kroz ljudske autore, što je shvaćeno prema jasnom, prirodnom
značenju upotrijebljenih riječi, istinito i bez pogreške. Ne treba se nipošto sti-
diti ovog kršćanskog vjerovanja, niti ga se plašiti. Ne, ono je veoma razumno,
jer su riječi jedinice od kojih su sastavljene rečenice. Riječi su elementi za
gradnju govora. Stoga je nemoguće sročiti određenu poruku bez konstrukcije
preciznih rečenica sastavljenih od tačno određenih riječi.

Zamislimo kako bi bilo kada bismo mogli koristiti samo nekoliko riječi,
kao u tekstovnoj poruci. Željeli bismo poslati poruku koja, ne samo da će
biti razumljiva, nego i koja neće biti pogrešno shvaćena. Stoga bi je pažljivo
oblikovali. Izbrisali bi neku riječ ovdje, dodali neku riječ tamo sve dok ne
bismo uredili poruku tako da njome budemo zadovoljni. Riječi su važne. Svaki
govornik koji želi iskomunicirati poruku koja će se razumjeti, a koja se neće
pogrešno shvatiti, zna koliko su riječi važne. Svaki propovjednik koji mar-
ljivo priprema svoju propovijed brižljivo bira svoje riječi. Svaki pisac, bilo da
piše pisma ili članke ili knjige, zna da su riječi bitne. Poslušajte što je Charles
Kingsley rekao sredinom devetnaestog stoljeća: "Bez riječi mi ne bismo znali
o srcu i mislima jedni drugih ništa više nego što pas zna misli i srca drugog
psa, jer, ako ćete razmisliti, uvijek razmišljate u riječima… bez njih bi sve naše
misli bile samo slijepe čežnje, osjećaji koji sami ne bismo mogli razumjeti."
Zato trebamo odjenuti riječima naše misli.

Ovo je dakle, apostolska tvrdnja da je isti Duh Sveti Božiji, koji ispituje
dubine Božije i koji je otkrio svoja istraživanja apostolima, nastavio prenositi
ih po apostolima kroz riječi kojima ih je on sam opskrbio. On je svoje riječi
govorio kroz njihove riječi, tako da su to i riječi Božije i riječi ljudske. Ovo je
dvojno autorstvo Pisma, što sam već ranije spomenuo. To je takođe i značenje

'nadahnuća'. Nadahnuće Svetog Pisma nije mehanički proces. Ono je veoma osobno, jer uključuje osobu (Duha Svetog) koji govori kroz osobe (proroke i apostole) na takav način da su njegove riječi bile njihove, i u isto vrijeme, njihove riječi bile njegove.

Prosvjetljujući Duh

Sada dolazimo do četvrte faze u djelu Duha Svetoga kao agenta otkrivenja i ovdje ću ga opisati kao 'prosvjetljujućeg' Duha. Dozvolite mi da postavim scenu.

Kako bismo trebali razmišljati o ljudima koji su čuli apostole kako propovijedaju i koji su kasnije čitali njihova pisma? Jesu li bili prepušteni sami sebi? Jesu li bili dužni boriti se najbolje što su mogli kako bi razumjeli apostolsku poruku? Ne. Isti Duh koji je djelovao u onima koji su pisali apostolska pisma je djelovao i u onima koji sui h čitali. Tako je Duh Sveti radio na oba kraja, nadahnjivao je apostole i prosvjetljivao njihove čitatelje. Ovo je već nagoviješteno na kraju stiha 13, složenom frazom koja se tumačila na razne načine. Smatram prijevod Revidirana standardna verzija ispravnim, naime da je Duh Sveti 'tumačio duhovne istine onima koji posjeduju Duha' (Šarić: 'duhovne istine duhovnima') Posjedovanje Duha nije ograničeno samo na biblijske autore. Zasigurno je njegovo djelo nadahnuća bilo jedinstveno u njima, ipak na ovo on je dodao djelo Duha u tumačenju.

Stihovi 14 i 15 dodaju na ovu istinu i u oštroj su suprotnosti jedan s drugim. Stih 14 počinje odnoseći se na 'osobu bez Duha' (ili 'naravnog čovjeka'), to jest neobnovljenu osobu koja nije kršćanin. Stih 15, međutim, počinje odnoseći se na 'osobu sa Duhom', onu koja posjeduje Duha Svetog. Tako Pavao dijeli čovječanstvo na dvije jasne kategorije: 'naravnu' i 'duhovnu', to jest, one koji posjeduju prirodni, životinjski ili fizički život s jedne strane, i sa druge one koji su primili duhovni ili vječni život. Prvoj kategoriji nedostaje Duh Sveti jer nikada nisu nanovo rođeni, dok u onima kojima je dao novi život Duh Sveti prebiva. Prebivanje Duha Svetog je, u stvari, prepoznatljiva odlika istinskih kršćanskih muškaraca i žena (Rimljanima 8,9).

> Isti Duh koji je djelovao u onima koji su pisali apostolska pisma je djelovao u onima koji su ih čitali

Čini li ikakvu razliku to da li imamo ili nemamo Duha Svetog? Svu razliku na svijetu! Posebno za naše razumijevanje duhovne istine. Neduhovna ili neobnovljena osoba, koja nije primila Duha Svetog, ne prima ni stvari od Duha, jer su one za nju ludost (s.14). Ne samo da ih ne uspijeva razumjeti, ona to čak nije ni u stanju jer se one moraju 'uz pomoć Duha prosuđivati'. S druge strane, duhovna osoba, nanovo rođeni kršćanin u kojem prebiva Duh Sveti 'prosuđuje sve'. Naravno, nije da postaje sveznajući poput Boga, ali mu sve ove stvari, za koje je ranije bio slijep, a koje je Bog otkrio u Svetom Pismu, počinju imati smisla. Razumije ono što nikad ranije nije razumio, čak iako ni njega samog zapravo ne razumiju. Doslovno, on 'nije podložan ljudskom sudu'. Tako ostaje enigma, jer on ima unutarnju tajnu duhovnog života i istine, što nevjernicima nema smisla. Međutim, ovo i ne iznenađuje, jer nitko ne poznaje misao Gospodnju, niti ga može poučiti. A pošto ne mogu razumjeti Kristov um, ne mogu razumjeti ni naš, jer se mi, koje je Duh Sveti prosvijetlio, možemo usuditi da kažemo: 'mi posjedujemo misao Kristovu' (s.16) – istinski zadivljujuća izjava.

Je li ovo vaše iskustvo? Je li Biblija postala za vas nova knjiga? William Grimshaw, jedan od velikih evanđeoskih vođa osamnaestog stoljeća, je rekao svom prijatelju nakon svog obraćenja da 'kad bi Bog odnio Bibliju u nebo i poslao drugu dolje na zemlju, ne bi bila novija za njega'. To je bila druga knjiga. I sam isto to mogu reći. Svakodnevno sam čitao Bibliju prije obraćenja, jer me tako odgojila majka, ali meni je djelovalo kao da je pisana stranim jezikom. Nisam pojama imao o čemu govori. Ali kada sam nanovo rođen i kada je Duh Sveti došao prebivati u meni, Biblija mi je odjednom postala potpuno nova knjiga. Naravno, ne tvrdim kako sam sve razumio. Daleko sam od toga i danas.

Bog govori kroz ono što je govorio

Ali sam počeo razumijevati stvari koje ranije nisam razumio. Kako je to čudesno iskustvo! Nemojte razmišljati o Bibliji samo kao o kolekciji pljesnivih starih dokumenata čije je mjesto u knjižnici. Nemojte razmišljati o stranicama Svetog Pisma kao da su fosili čije je mjesto u nekom muzeju u staklenoj polici. Ne, Bog govori kroz ono što je govorio. Kroz antičke tekstove Pisma Duh Sveti može s nama komunicirati na svjež, osoban i silan način danas. 'Tko ima uho, nek posluša što Duh govori' (ovo je u sadašnjem vremenu 'poručuje') kroz Sveto Pismo crkvama (Otkrivenje 2,7 itd.).

Ako nam danas Duh Sveti govori kroz Bibliju, možda se pitate, zašto se onda svi ne slažemo u vezi svega? Ako je Duh tumač kao i posrednik Božije objave, zašto nas ne vodi ka zajedničkoj misli? Moj vas odgovor na ova pitanja može iznenaditi. To je da nas on, u stvari, osposobljava mnogo više da se slažemo nego da se ne slažemo i da bismo se čak i više slagali jedni s drugima kada bi ispunili sljedeća četiri uslova.

Prvo, *moramo prihvatiti vrhovni autoritet Pisma* i žarko mu se željeti podložiti. Među onima koji tako čine, već sada postoji mnogo slaganja. Velike i bolne razlike koje ostaju, na primjer, između Rimokatoličke Crkve i protestantskih crkvi su većinom zbog stalne nespremnosti Rima da izjavi kako Pismo ima vrhovni autoritet - čak i nad crkvenim tradicijama. Službeni položaj Rima (modificiran ali ne i efikasno promijenjen na Drugom Vatikanskom Saboru) je još uvijek da i 'svete tradicije i sveta Pisma trebaju biti prihvaćeni i uzvisivani istim osjećajem predanosti i poštovanja'. Sada, protestanti ne poriču važnost tradicije, a neki od nas bi je mogli mnogo više poštivati, budući da je Duh Sveti učio prošle generacije kršćana i nije svoju pouku počeo s nama! Ipak, kada su Pismo i tradicija u koliziji, moramo dopustiti Pismu da reformira tradiciju, baš kao što je Isus insistirao sa 'predajama starih' (usp. Marko 7,1-13)

Drugo, *moramo se sjetiti da je glavna svrha Pisma svjedočiti za Krista* kao posve dostatnog Spasitelja grešnika. Kada su reformatori šesnaestog stoljeća insistirali na jasnoći pisma i preveli Bibliju tako da je običan narod može čitati, oni su govorili o putu spasenja. Oni nisu poricali da Pismo sadrži 'neke stvari… teško razumljive' (kao što je Petar rekao o Pavlovim pismima, 2.Petrova 3,16), ali su željeli potvrditi kako su bitne istine spasenja bile svima jasne.

Treće, *moramo primijeniti zdrave principe tumačenja.* Naravno, savršeno je moguće izvrnuti Bibliju da znači što god želimo. Ali naš posao je tumačenje Pisma, ne izvrtanje Pisma. Iznad svega, moramo tražiti i izvorni smisao prema namjeri biblijskog autora i prirodni smisao, koji može biti doslovni ili figurativni, ponovno prema namjeri autora. Ovo su principi povijesti i jednostavnosti. Kada se primjenjuju s integritetom i strogošću tada Biblija upravlja nama, umjesto da mi kontroliramo Bibliju. Posljedično, područje u kojem se kršćani slažu se povećava.

Četvrto, *moramo prići biblijskom tekstu prepoznajući naše kulturološke predrasude* i spremnošću da ih izazovemo i promijenimo. Ako dolazimo Pismu s ponosnom pretpostavkom da su sva naša naslijeđena vjerovanja i prakse ispravni, naravno da ćemo u Bibliji naći samo ono što želimo pronaći, to jest ugodnu potvrdu statusa quo. Kao rezultat toga, naći ćemo se u oštrom neslaganju s ljudima koji prilaze Pismu iz različitih pozadina i s drugačijim uvjerenjima za koja i oni takođe nalaze potvrdu. Vjerovatno ne postoji uobičajeniji izvor neskladа od ovog. Samo kada smo dovoljno hrabri i ponizni da dopustimo Duhu Božijem da kroz Riječ Božiju radikalno dovede u pitanje naša omiljena mišljenja, tada je vjerojatnije da ćemo kroz svježe razumijevanje pronaći svježe jedinstvo.

'Duhovno prosuđivanje' koje Duh Sveti obećava nije dato unatoč ova četiri uobičajena uslova; ono pretpostavlja da su prihvaćeni i ispunjeni.

Zaključak

Razmatrali smo Duha Svetog u četiri uloge, Duh koji proniče, Duh koji otkriva, Duh koji nadahnjuje i Duh koji prosvjetljuje. Ovdje imamo i četiri faze njegove službe poučavanja:

- Prvo, on istražuje dubine Božije i poznaje misli Božije.
- Drugo, on otkriva svoja ispitivanja apostolima.
- Treće, komunicira preko apostola ono što im je otkrio i čini to riječima koje je on sâm dostavio.
- Četvrto, on prosvjetljuje srca slušatelja, tako da mogu razaznati što je on otkrio apostolima i kroz njih i nastavlja svoje djelo *prosvjetljenja* i danas u svima koji su voljni primiti to prosvjetljenje.

Dvije veoma jednostavne i kratke lekcije na kraju. Prva je *o našem pogledu na Duha Svetoga*. Danas se mnogo raspravlja o osobi i djelu Duha, a ovo je samo jedan od mnogih odlomaka u Bibliji o njemu. Ali dopustite mi da vas upitam ovo: ima li u vašoj doktrini o Duhu mjesta za ovaj odlomak? Isus ga je nazvao 'Duh istine'. Znači, istina je veoma važna Duhu Svetom. Oh, znam, on je takođe i Duh svetosti i Duh ljubavi i Duh sile, ali je li on za vas Duh istine? Prema stihovima koje smo proučavali, duboko je zabrinut za istinu. On je proniče, otkrio ju je i iskomunicirao i prosvjetljuje naše umove kako bismo je mogli shvatiti. Dragi prijatelju, nikada nemojte degradirati istinu! Nikada ne omalovažavajte teologiju! Nikada ne prezirite svoj um! Ako to činite, rastužujute Duha Svetog istine. Ovaj odlomak bi trebao utjecati na naš pogled na Duha Svetog.

> Trebamo Duha Svetog, Duha istine da prosvijetli naše umove

Druga lekcija, *naša potreba za Duhom Svetim*. Želite li rasti u spoznaji Boga? Naravno da želite. Želite li rasti u razumijevanju mudrosti Božije i sveukupnosti njegove svrhe da nas jednog dana učini sličnima Kristu u slavi? Naravno da želite. Isto i ja. Tada trebamo Duha Svetog, Duha istine da prosvijetli naše umove. Za to trebamo biti nanovo rođeni. Ponekad se pitam ako je razlog zašto neki sekularni teolozi današnjice govore i pišu, ako se smijem tako izraziti, takvo smeće (govorim o, na primjer, njihovom poricanju osobnosti Božije i Isusovog božanstva) taj što nikada nisu nanovo rođeni. Moguće je biti teolog i ne biti obnovljen. Je li to razlog zašto ne razaznaju ove čudesne istine Pisma? Sveto se Pismo duhovno razlučuje. Stoga trebamo prići Pismu ponizno, s poštovanjem i iščekivanjem. Trebamo spoznati da su istine otkrivene u Pismu još uvijek zaključane i zapečaćene, sve dok nam ih Duh Sveti ne otvori i dok ne otvori naše umove za njih. Jer Bog ovo krije od umnih i mudrih, a otkriva 'bebama', onima koji su ponizni i puni poštovanja dok mu pristupaju. Zato, prije nego se mi propovjednici pripremamo, prije nego zajednica sluša, prije nego pojedinac ili grupa počne čitati Bibliju – u ovim slučajevima prvo moramo moliti za prosvjetljenje Duha Svetog: 'Otvori oči moje da gledam divote tvoga Zakona!' (Psalam 119,18). I on će to učiniti.

4

Crkva i Biblija

Do sada smo se bavili trinitarnim proučavanjem. Vidjeli smo da je *Bog* autor, *Krist* je i glavni subjekt i vjerodostojan svjedok i *Duh Sveti* je posrednik, agent velikog procesa otkrivenja. Sada dolazimo do crkve.

Šta mislite o crkvi? Vaš odgovor vjerovatno zavisi o tome da li razmišljate o idealu ili stvarnosti. U idealnom slučaju, crkva je najčudesnije novo Božije stvorenje. To je nova Isusova zajednica, koja uživa multi-rasnu, multi-nacionalnu i multi-kulturalnu harmoniju, jedinstvena u povijesti i u suvremenom društvu. Crkva je čak i 'novo čovječanstvo', preteča otkupljene i obnovljene ljudske rase. To su ljudi koji provode zemaljske živote (kao što će provoditi i vječnost) u ljubavi ispunjenoj službi Bogu i drugima. Kako plemenit i prekrasan ideal! U stvarnosti, međutim, crkva je mi (oprostite mi na lošoj gramatici) – grupa grešnih, trulih, svadljivih, budalastih, plitkih kršćana koji konstantno promašujemo Božiji ideal, a često mu se čak i ne uspijevamo približiti.

Koji je razlog ovog jaza između ideala i stvarnosti? Zašto je crkva danas u tako užasnom stanju u cijelom svijetu – slaba, slomljena i tako malo utječe na svijet za Krista? Siiguran sam da postoji mnogo razloga, ali vjerujem da je najveći razlog ono što Amos naziva 'glad… slušanja riječi Jahvine' (Amos 8,11) ili jednostavnim modernim jezikom, zanemarivanje Biblije. Višestruka nevjernost crkve posljedica je njene nevjernosti Božijem samo-otkrivenju u Pismu. Dr. Martyn Llloyd – Jones je bio u pravu kada je napisao u svojoj knjizi 'Propovijedanje i propovjednici' da 'dekadentna razdoblja i periodi crkvene povijesti su uvijek bili oni u kojima je opadalo propovijedanje'. Drugim riječima, crkva ostaje slaba i bolesna kad god odbacuje iscjeljujući lijek i cjelovitu hranu Riječi Božije.

Sada ćemo razmotriti dva teksta, oba koriste arhitektonsku metaforu.

U Efežanima 2,20 crkva, koja je upravo definirana kao Božija 'kuća' ili obitelj (s.19), je takođe opisana kao 'nazidani na temelju apostola i proroka, a zaglavni je kamen sam Krist Isus'. Odnosno učenje biblijskih autora je temelj na kojem je crkva izgrađena, a Isus Krist je zaglavni kamen koji sve drži zajedno. U 1. Timoteju 3,15 metafora je obrnuta. Pavao ponovno naziva crkvu 'Božijom kućom', ali sada ide dalje i naziva je 'stupom i uporištem istine'.

Vidite u prvom odlomku *istina* je temelj, a *crkva* je građevina koja stoji na njemu, dok je u drugom tekstu, *crkva* temelj, a *istina* stoji na njoj.

'Eto, to je dokaz', mislim da čujem kako netko govori. 'To sam i rekao. Biblija je puna kontradikcija.' Zaista? Pričekajte trenutak. Oba ova stiha dolaze iz pera istog čovjeka, apostola Pavla. Dajmo mu zaslugu za malo logičke dosljednosti. Moramo se upitati u kojem trenutku je analogija načinjena, kako bismo razumjeli što je autor namjeravao reći stilskom figurom koju koristi. Kada primjenimo ovaj princip na naša dva teksta, naći ćemo (kao što bismo i očekivali) da se prelijepo nadopunjuju.

Pitate se kako, u isto vrijeme, istina može biti temelj crkve i crkva temelj istine? Dozvolite mi da predložim odgovor. Ono što Pavao potvrđuje u Efežanima 2,20 je da crkva ovisi o istini za svoje postojanje. Počiva na učenju apostola i proroka i bez njihovog nauka (sada zapisanog u Pismu) crkva ne bi mogla ni postojati, niti opstati, a kamoli napredovati. Ali prema 1.Timoteju 3,15 istina ovisi o crkvi za njenu odbranu i prenošenje.Crkva je pozvana da služi istini čvrsto je držeći protiv napada i uzdižući je visoko pred očima svijeta. Stoga, *crkva treba Bibliju* jer je sagrađena na njoj. I *crkva služi Bibliji* držeći je čvrsto i obznanjujući je. Ovo su dvije nadopunjujuće istine koje ćemo dalje istražiti.

Crkva treba Bibliju

Postoji mnogo načina na koje crkva ovisi o Bibliji. Dopustite da vam dam nekoliko primjera.

a) Biblija je stvorila crkvu

Ova izjava bi mogla dovesti u zabludu kada se ovako oštro izrazi. Mogla bi se čak i odbaciti kao netačna. Jer, istina je da je Starozavjetna crkva kao narod Božiji postajala stoljećima prije nego je Biblija bila kompletirana. Takođe, Novozavjetna crkva je postojala mnogo prije nego je dovršen kanon Novog Zavjeta, a još i duže prije nego što je prva Biblija štampana i objavljena. Štoviše, možete s pravom reći, crkva prvog stoljeća je 'oblikovala' Novi Zavjet, u tom smislu da je kršćanska zajednica imala udjela u određivanju u kojem obliku su Isusove riječi i djela zapisani. Crkva je stoga bila mjesto u kojem je Biblija napisana i cijenjena. Slažem se sa svim ovim kvalifikacijama. Ipak, ponavljam da se može reći da je Biblija stvorila crkvu. Ili, preciznije, Riječ Božija (koja je sada zapisana u Bibliji) je stvorila crkvu. Jer kako je kršćanska crkva nastala? Odgovor: apostolskim propovijedanjem, koji su govorili, ne u ime crkve već u Kristovo ime.

Na Pentekost je proročko svjedočanstvo Starog zavjeta dodano Petrovom svjedočanstvu kao apostola. Proklamirao je Isusa kao Mesiju i Gospoda, Duh Sveti je njegove riječi potvrdio u sili i vjernici su postali Duhom ispunjeno Tijelo Kristovo. Sam Bog je napravio ovo djelo svojim Duhom kroz svoju Riječ. Još i više, nastavio je potvrđivati propovjedanje apostola na isti način. Na svojim čuvenim misijskim putovanjima Pavao je takođe svjedočio za Krista, tvrdeći da je svjedočanstvo apostola očevidaca u potpunom skladu sa Starozavjetnim Pismima. Mnogi su slušali, pokajali se, povjerovali i bivali kršteni tako da su crkve nastajale širom Rimskog carstva. Kako? Riječju Božijom. Riječ Božija (kombinirana svjedočenja proroka i apostola), proklamirana u sili Duha je stvorila crkvu. I još uvijek je stvara. Crkva je izgrađena na tom temelju. I kada se određivao kanon Novog zavjeta, crkva nije dala autoritet tim dokumentima, nego je samo prepoznala autoritet koji su već posjedovali. Zašto? Zato jer su bili 'apostolski' i sadržavali su nauk Kristovih apostola.

Zbog svih ovih razloga, s pravom možemo reći da je Biblija (to jest, Riječ Božija sada zapisana u Bibliji) stvorila i stvara crkvu.

b) Biblija održava crkvu

Stvoritelj uvijek održava ono što je stvorio i pošto je on doveo crkvu u postojanje, on je održava da postoji. Štoviše, pošto ju je stvorio svojom Riječju, on je održava i njeguje svojom Riječju. Ako je istina, kao što je Isus rekao, citirajući Ponovljeni zakon (Matej 4,4; usp. Ponovljeni zakon 8,3), da 'čovjek ne živi samo o kruhu, nego o svakoj riječi koja dolazi iz Božijih usta', takođe je to istina i za crkve. Ne mogu procvjetati bez toga. Crkva neprestano treba čuti Božiju riječ. Zbog ovoga je propovijedanje centralno u javnom bogoslužju. Propovijedanje nije upad u njega nego mu je neophodno. Jer štovanje Boga je uvijek odgovor na Riječ Božiju. Zbog toga je, na primjer, dobro ako na bogoslužju crkve postoji

> Propovjedanje nije upad u bogoslužje nego mu je neophodno. Jer štovanje Boga je uvijek odgovor na Riječ Božiju.

izmjenjivanje Riječi i štovanja. Prvo Bog govori svoju Riječ (u rečenici Pisma, čitanju i izlaganju), a potom ljudi odgovaraju kroz ispovjedanje, vjerovanje, slavljenje i molitvu. Kršćanska zajednica raste u zrelost u Isusu Kristu samo dok sluša, prima, vjeruje, upija i poslušna je Riječi Božijoj.

c) Biblija usmjerava crkvu

Kršćani su hodočasnici na putu prema vječnom domu. Putuju zemljom koja je pusta, neprohodna, neprijateljska i mračna. Trebaju im smjernice za put i Bog im ih je obezbijedio. 'Tvoja riječ nozi je mojoj svjetiljka i svjetlo mojoj stazi.' (Psalam 119,105). Naravno, slažem se da je ono što nazivamo 'hermenautičkim' zadatkom (zadatkom tumačenja Pisma) teško. Pismo nam ne daje glatke odgovore na kompleksne probleme dvadeset i prvog stoljeća. Moramo se hrvati s tekstom, i sa njegovim značenjem i sa njegovom primjenom, i to činiti kroz molitvu, proučavanje i međusobno zajedništvo. Ipak, principi koje trebamo da nas vode su u Bibliji i zajedno možemo otkriti kroz prosvjetljenje Duha Svetog, kako da ih primjenimo na naše živote i na današnji svijet.

d) Biblija reformira crkvu

U svakom stoljeću, nažalost, uključujući i naše, crkva je donekle odstupila od Božije istine i njegovih moralnih standarda. Kao što je napisao Max Warren, povijest crkve je 'gorko slatka priča' u kojoj je najistaknutija činjenica beskrajna Božija strpljivost s njegovim narodom. Ako crkva neprestano zastranjuje, kako se može reformirati? Odgovor: samo Riječju Božijom. Najveć crkvena obnova koja se dogodila u povijesti svijeta je bila Reformacija u šesnaestom stoljeću, a ona se dogodila zbog, više nego ičega drugog, povratka Bibliji.

e) Biblija ujedinjuje crkvu

Svaka kršćanska savijest treba biti uznemirena radi nejedinstva crkve. Nadam se da se već nismo navikli na njega. Vidljivo jedinstvo crkve je zasigurno ispravan cilj kršćanskog nastojanja (iako se možda nećemo svi složiti u kakvom tačno obliku bi to trebalo biti). Pa šta je osnovni razlog našeg neprestanog nejedinstva? Nedostatak *autoriteta* oko koga su svi usaglašeni. Dok god crkve slijede svoje vlastite tradicije i filozofiranja, univerzalna crkva će se nastaviti dijeliti. Međutim, jednom kada crkve priznaju vrhovni autoritet Pisma i njegovu samo -dostatnost za spasenje i odluče prosuđivati svoje tradicije njegovim učenjem, tada im se odjednom otvara put za pronalaženje jedinstva u istini.

Biblija ujedinjuje crkvu kada joj se crkva podloži.

f) Biblija oživljava crkvu

Čeznemo za probuđenjem, za tim posebnim, neobičnim, nadnaravnim Božijim pohođenjem, koje osvještava cijela mjesta o njegovoj živoj i svetoj prisutnosti. Grešnici su opresvjedočeni, pokajnici obraćeni, otpadnici obnovljeni, neprijatelji izmireni, vjernici transformirani, a mrtve crkve vraćene u život. Ali kako se ovo probuđenje događa? Samo suverenim djelom Božijeg Svetog Duha. Ali koja sredstva Duh Sveti koristi? On koristi svoju Riječ. Riječ Božija je 'mač Duha' (Efežanima 6,17; usp. Hebrejima 4,12) kojim on vitla i djeluje u svijetu. Nikada nemojte odvajati Duh Božiji od Riječi Božije, jer kada Duh Sveti koristi ovo oružje u svojoj suverenoj sili, on probada savjest, odsjeca kancerogenu tvorevinu iz tijela Kristova i đavla natjera na bijeg. Biblija je ta koja oživljava crkvu.

Jeste li uvjereni? Nadam se da jeste. Crkva treba Bibliju. Crkva ovisi o Bibliji. Crkva je izgrađena na temelju apostola i proroka. Biblija je neophodna za život crkve, za njen rast, njegu, smjer, reformaciju, jedinstvo i obnovu. Crkva ne može postojati bez Biblije.

Ovo nas vodi do druge, komplementarne istine: ako crkva treba Bibliju, Biblija takođe treba crkvu. Ako crkva ovisi o Bibliji, Biblija takođe ovisi o crkvi. Jer je crkva pozvana služiti Bibliji čuvajući je i šireći njenu poruku.

Crkva služi Bibliji

Iako je Bog govorio svoju Riječ kroz proroke i apostole, morala je biti primljena i zapisana. Danas, još uvijek, treba biti prevođena, štampana, izdavana, distribuirana, propovjedana, branjena, emitirana, prikazivana na televiziji i dramatizovana. Na ove i mnoge druge načine crkva služi Bibliji, čuvajući je i čineći je poznatom.

> Grešnici su opresvjedočeni, pokajnici obraćeni, otpadnici obnovljeni, neprijatelji izmireni, vjernici transformirani, a mrtve crkve vraćene u život

> Biblija je neophodna za život crkve, za njen rast, njegu, smjer, reformaciju, jedinstvo i obnovu. Crkva ne može postojati bez Biblije.

Ovo objašnjava zašto je Pavao napisao u 1.Timoteju 3,15 da je crkva 'stup i uporište istine'. Ove dvije riječi koje Pavao koristi su veoma poučne. Crkva je i uporište (ili temelj) istine s jedne strane i stup istine s druge. Uporišta i temelji drže građevinu čvrsto; stupovi je drže visoko, uzvisujući je da je ljudi vide. Ovo sugerira i apologetski i evangelizacijski zadatak crkve. Jer, kao temelj ili uporište istine, crkva je mora čvrsto čuvati i braniti od heretika, tako da istina ostane čvrsta i nepomična. Ali kao stup istine, crkva je mora uzdići visoko, učiniti vidljivom svijetu tako da je ljudi mogu vidjeti i povjerovati. Zato Biblija treba crkvu da je *štiti* i da je *širi*.

Postoji hitna potreba za obje ove odgovornosti. S jedne strane, hereza zauzima prostor u crkvi. Postoje lažni učitelji koji poriču beskrajnu, ljubeću osobnost Svemogućeg Boga i drugi koji poriču božanstvo našeg Gospoda Isusa Krista, kao i autoritet Biblije. Ovi heretici se, čini se, uvećavaju i šire svoje opasne ideje kroz knjige i propovjedi, putem radija i televizije. Stoga istina treba uporište – kršćanske učenjake (skolastike) koji će svoje živote posvetiti onome što Pavao naziva 'obrana i utvrđivanje evanđelja' (Filipljanima 1,7). Poziva li Bog nekog mlađeg teologa koji čita ove riječi da bude uporište istine u crkvi, da je drži čvrsto, brani protiv hereze i pogrešnog razumijevanja? Kakav uzvišen poziv! Crkva mora čuvati i pokazivati istinu.

U isto vrijeme, s druge strane, crkva je pozvana propovjedati evanđelje po cijelom svijetu. Postoje milioni ljudi u svijetu koji nikada nisu čuli o Isusu, a još mnogo više onih koji su čuli, ali nikada nisu povjerovali u njega. 'Kako pak da čuju bez propovjednika?' (Rimljanima 10,14). Crkva treba pionire evangelizatore koji će razviti novi oblik misije kako bi prodrijeli u zatvorena područja, posebno u islamski i sekularni svijet. Jer crkva je stup istine. Zato je moramo držati visoko i obznaniti, tako da je ljudi mogu vidjeti u svoj njenoj ljepoti i adekvatnosti i prigrliti je za sebe.

Zaključak

Crkva treba Bibliju i Biblija treba crkvu. To su komplementarne istine koje Pavlove dvije izjave izražavaju. Crkva ne bi mogla preživjeti bez Biblije da je podržava, a Biblija teško da bi mogla preživjeti bez crkve da je čuva i širi. Jedno treba drugo. Biblija i crkva su nerazdvojivi blizanci. Sada kada smo ovo shvatili, želim istaknuti tri poticaja.

Prvo, potičem *kršćanske pastore* da ozbiljnije shvate propovijedanje. Naš poziv je da proučavamo i objašnjavamo Riječ Božiju i povežemo je s modernim svijetom. Zdravlje svake zajednice, više od bilo čega drugog, ovisi o kvaliteti službe propovijedanja. Možda vas ova izjava iznenađuje. Naravno, znam da članovi crkve mogu rasti u zrelost u Kristu uprkos njihovim pastorima, čak i kada su pastori loši i nemarni. Jer mogu moliti i čitati Pismo i sami, a i u grupama, a danas su dostupni mnogi dobri resursi kao vrijedna dodatna sredstva za učenje. Ipak, Novi zavjet ukazuje da je Božija svrha prepustiti brigu o svom narodu pastorima, koji

> Zdravlje svake zajednice više od bilo čega drugog, ovisi o kvaliteti službe propovijedanja

im navješćuju Krista iz Pisma, u slavi njegove osobe i djela, tako da ih potaknu na štovanje, vjeru i poslušnost. Zato se usuđujem reći da su klupe odraz propovijedaonice i obično se ne uzdižu iznad propovijedaonice. Stoga, dragi moji suradnici pastori, odlučimo nanovo posvetiti se ovom prioritetnom zadatku!

Drugo, potičem *kršćanski narod*, ne samo da proučavate Bibliju u svom domu i zajednici, nego i da zahtijevate (to nije tako snažna riječ) vjerno, biblijsko propovijedanje od svojih pastora. Dopustite da to kažem na ovaj način: služba koju primate je služba koju zaslužujete, a služba koju zaslužujete je služba koju zahtijevate! Laici imaju mnogo više moći u crkvi nego što obično uviđaju. Pridruže se crkvi u kojoj se Biblija skoro nikada ne propovijeda i to pasivno prihvataju i ne čine ništa u vezi s tim! Možda će doći vrijeme kada ćete trebati imati hrabrosti da ukorite vaše pastore jer primjećujete da nisu marljivi u svom proučavanju ili vjerni u svom izlaganju. Ali nemojte nas samo ukoriti - i ohrabrite nas i molite za nas. Oslobodite svoje pastore od tereta administracije. Laici vođe u zajednici bi takođe trebali dijeliti i teret pastoralnog nadgledanja crkve. Svaka generacija treba ponovo naučiti lekciju iz Djela 6, kada su pastori odbili da ih išta omete od uloge poučavanja za koju ih je Krist pozvao. Delegirali su određene socijalne i administrativne zadatke, kako bi se mogli posvetiti 'molitvu i službi riječi' (Djela 6,1-4). Laici vođe su ti koji mogu osigurati da se isti taj prioritet prepozna i danas.

Treće, želim potaknuti *kršćanske roditelje*. Poučavajte svoju djecu Bibliji. Nemojte tu odgovornost roditelja prepuštati školi, čak ni crkvi, činite to sami, tako da vaša djeca, poput Timoteja, od djetinjstva poznaju Sveto Pismiso (2. Timoteju 3,15). Ako to budete činili, tada će sljedeća generacija crkvenih vođa koja nastaje uvidjeti, što čini se sadašnja generacija uvijek ne uspijeva, koliko je neophodno mjesto Biblije u crkvi.

Stoga, ustoličimo Bibliju u svome domu i crkvi, ne zato što je štujemo, nego zato što Bog kroz nju govori. Zatim, kako ponovno budemo čuli njegov glas, crkva će biti obnovljena, reformirana i oživljena i postat će ono što je Bog oduvijek namjeravao da bude – jarko svjetlo koje sjaji u tami koja nas okružuje.

5

Kršćanin i Biblija

Dozvolite mi da ukratko ponovim što smo do sada obradili. Razgovarali smo o:

- 'Bogu i Bibliji' zato što je on njen autor;
- 'Kristu i Bibliji' jer je on njen subjekt;
- 'Duhu Svetom i Bibliji' jer je on bio sredstvo njenog nadahnuća;
- 'Crkvi i Bibliji' zato što je crkva na njoj izgrađena i pozvana je da čuva i obznanjuje njena blaga.

Završavamo s nečim osobnijim i individualnijim – 'kršćaninom i Biblijom'.

Ne oklijevam reći da je Biblija prijeko potrebna za zdravlje i rast svakog kršćanina. Kršćani koji zanemaruju Bibliju jednostavno ne sazrijevaju. Kada je Isus citirao iz Ponovljenog zakona da čovjek ne živi samo o kruhu, nego o Riječi Božijoj, on je u stvari rekao da je Riječ Božija neophodna za duhovno zdravlje jednako kao što je hrana neophodna za tjelesno zdravlje. Ne govorim sada o kršćanima koji još nemaju Bibliju prevedenu na svoj jezik, ili o nepismenim ljudima koji možda imaju Bibliju na svom jeziku ali je ne mogu čitati za sebe. Naravno, ovi ljudi nisu potpuno odsječeni od hranjenja Božijom Riječi, jer je još uvijek mogu primiti od pastora, misionara, rođaka ili prijatelja. Međutim, dužan sam reći da mislim kako bi njihov kršćanski život bio obogaćen kada bi imali direktan pristup Pismu, što i jeste razlog zašto se obavlja taj herojski posao prevođenja Biblije na sve jezike svijeta. Ne govorim o ovim situacijama. Radije, razmišljam o kršćanima koji imaju Bibliju na svom jeziku. Naš problem nije u tome da nam Biblija nije dostupna, nego da mi ne

> Riječ Božija je neophodna za duhovno zdravlje jednako kao što je hrana neophodna za tjelesno zdravlje

koristimo njenu dostupnost. Trebamo je svakodnevno čitati i meditirati o njoj, proučavati je u grupi i čuti je izlaganu tokom nedeljnog bogoslužja. Inače nećemo rasti. Rast u sazrijevanju u Kristu ovisi o našem bliskom poznavanju, i vjerovanju, Biblije.

Želim pokušati odgovoriti na pitanje koje se možda upravo pitate: zašto i kako tačno nam Biblija omogućava rast? Za ilustraciju njene djelotvornosti kao sredstva milosti izabrao sam priču koja je zapisana u Evanđelju po Ivanu 13, Isus pere noge učenicima. Kada je završio, odjenuo svoj ogrtač i vratio se na svoje mjesto, odmah se nazvao njihovim učiteljem: 'Vi me zovete Učiteljem i Gospodinom. Pravo velite jer to i jesam!' (s.13). Ono što time govori je jasno, ovim činom pranja nogu ih je učio određenim istinama i lekcijama koje je želio da nauče. Izgleda da su bile tri.

a) Učio ih je o sebi

Isusovi postupci su bili namjerna prispodoba njegove misije. Ivan je, čini se, ovo jasno razumio, jer nas uvodi u događaj sa ove tri riječi: 'Isus je znao… da je od Boga izišao te da k Bogu ide pa usta od večere…'. (s.3-4). To jest, znajući ove stvari, dramatizovao ih je svojim postupcima. Možda je najbolji komentar u Filipljanima 2, koji okriva stadije kako se Isus ponizio prije nego je bio visoko uzvišen. Tako je Isus 'ustao od večere' kao što je ustao sa svog nebeskog trona. 'Odložio je haljine', kao što je odložio svoju slavu i lišio je se. Zatim je 'uzeo ubrus i opasao se' (obilježje služenja), kao što je utjelovljenjem uzeo oblik sluge. Sljedeće, počeo je 'učenicima prati noge i otirati ih ubrusom', baš kao što je otišao na križ da nam osigura očišćenje od grijeha. Nakon toga, 'uzeo je svoje haljine i opet sjeo na svoje mjesto' kao što se vratio u svoju nebesku slavu i sjeo Ocu s desne strane. Ovim postupcima, Isus je dramski prikazao svoju cijelu zemaljsku službu. Učio ih je o sebi, ko on jeste, odakle je došao i kamo ide.

b) Učio ih je o spasenju

Rekao je Petru: 'Ako te ne operem, nećeš imati dijela sa mnom.' (s.8). Drugim riječima, oproštenje grijeha je neophodno da bi se uživalo u zajedništvu sa Isusom Kristom. Sve dok ne budemo oprani, ne možemo imati ništa s njim. Takođe vidimo da Isus razlikuje dvije vrste pranja: kupanje u cijelosti, s jedne strane, i pranje nogu, s druge. Apostoli su bili upoznati sa ovim različitim društvenim običajima. Prije nego odu u posjet prijatelju, okupali bi se. Tada bi im po dolasku, prijateljev sluga oprao noge. Nije im trebalo drugo kupanje, samo pranje nogu. Čini se da Isus koristi ovu dobro poznatu kulturološku razliku da pouči manje poznatu teološku razliku: kada mu prvi put dođemo u pokajanju i vjeri kupamo se i potpuno operemo. Teološki, ovo se naziva 'opravdanje' ili 'obnova', a simbolizira se u krštenju. Zatim, kada kao kršćani upadnemo u grijeh, ono što trebamo nije novo kupanje (ne možemo biti ponovno opravdani ili ponovo kršteni) nego pranje nogu; to jest, pranje u svakodnevnom oproštenju. To Isus govori u stihu 10: 'Tko je okupan, ne treba drugo da opere nego noge - i sav je čist!'

c) Učio ih je o svojoj volji

Prije nego su sjeli za večeru u gornjoj sobi, apostoli su se raspravljali o tome ko će imati najbolja mjesta. Bili su toliko okupirani pitanjima ko je najvažniji da su neoprani sjeli za večeru. Očito tamo nije bilo sluge koji bi im oprao noge, a nije im palo na pamet da bi jedan od njih mogao preuzeti na sebe tu nisku ulogu i oprati noge drugima. Tako je tokom večere Isus učinio ono što se niti jedan od njih nije htio poniziti da učini. Zatim im je, kada je završio, rekao: 'Ako dakle ja - Gospodin i Učitelj - vama oprah noge, treba da i vi jedni drugima perete noge. Primjer sam vam dao da i vi činite kao što ja vama učinih. Zaista, zaista, kažem vam: nije sluga veći od gospodara ... Ako to znate, blago vama budete li tako i činili!'(s.14-17). Naš Gospod se pognuo da služi. Njegova je volja da i mi to činimo.

> Naš Gospod se pognuo da služi. Njegova je volja da i mi to činimo

To su dakle, bile tri Isusove lekcije iz jednog događaja – prva o njegovoj *osobi* (da je došao od Boga i da je išao Bogu), druga o njegovom *spasenju* (da nakon kupanja opravdanjem trebamo samo neprestano pranje naših nogu) i treća o njegovoj *volji* (da moramo jedni drugima prati noge, to jest, izražavati ljubav jedni prema drugima u službi poniznosti). Ili da to kažemo na drugi način, poučavao je tri lekcije koje zahtijevaju tri odgovora. Dajući im otkrivenje sebe samog, tražio je njihovo *štovanje*. Dajući im obećanje spasenja, tražio je njihovo *pouzdanje*. Dajući im zapovijed da ljube i služe jedan drugom, tražio je njihovu *poslušnost*.

Ne mislim da je pretjerano tvrditi da se cjelokupno učenje Biblije može podijeliti u ove tri kategorije, zahtijevajući ova tri odgovora. Jer kroz cijelo Pismo nalazimo:

- otkrivenja Božija koja zahtijevaju naše štovanje,
- obećanja o spasenju koja zahtijevaju našu vjeru,
- zapovijedi o našim dužnostima koja zahtijevaju našu poslušnost.

Nakon što smo razmotrili pranje nogu kao jedan primjer, pogledajmo malo potpunije ovaj trostruki obrazac.

Otkrivenja o Bogu

Biblija je Božije samo-otkrivenje, božanska autobiografija. U Bibliji, Bog govori o Bogu. On se progresivno obznanjuje u bogatoj raznolikosti njegova bića: kao *Stvoritelj* svemira i ljudskih bića na vlastitu sliku, vrhunca svog stvaranja; kao *živi Bog* koji održava i oživljuje sve što je stvorio; kao *Bog saveza* koji je izabrao Abrahama, Izaka, Jakova i njihove potomke da budu njegov poseban narod; i kao *milostivi Bog* koji se sporo ljuti i brzo oprašta, ali takođe i kao *pravedni* Bog koji kažnjava idolopoklonstvo i nepravdu među vlastitim narodom kako i među paganskim narodima. Zatim se u Novom zavjetu otkriva kao *Otac našeg Gospoda i Spasitelja Isusa Krista*, koji ga je poslao u svijet da uzme na sebe našu prirodu, da se rodi i raste, živi i poučava, radi i pati, umre i uskrsne, zaposjedne tron i pošalje Duha Svetog; potom kao *Bog novozavjetne zajednice*, crkve koji šalje svoje ljude u svijet kao svjedoke i sluge u sili Duha Svetog; i konačno kao *Bog koji će jednog dana poslati Isusa Krista u sili i slavi* – da spasi, sudi i vlada, koji će stvoriti novi svemir i koji će na kraju biti sve svima.

> Nemoguće je čitati Bibliju i ne biti štovatelj. Riječ Božija budi štovanje Boga

Ovo veličanstveno otkrivenje Boga (Oca, Sina i Duha Svetog) koje se odvija od stvaranja do svršetka nas potiče na obožavanje. Kada uhvatimo taj tračak veličine Božije, njegove slave i milosti, padamo ničice pred njega i odajemo mu počast našim usnama, srcem i životom. Nemoguće je čitati Bibliju i ne biti štovatelj. Riječ Božija budi štovanje Boga.

Obećanja o spasenju

Već smo vidjeli da je glavna Božija svrha zašto nam je dao Bibliju 'učiniti nas mudrim na spasenje po vjeri, koja je u Kristu Isusu' (2.Timoteju 3,15). Stoga nam Biblija daje priču o Isusu, ukazuje na njega u Starom zavjetu, opisuje njegovu zemaljsku službu u Evanđeljima i u poslanicama otkriva puninu njegove osobe i djela. Više od toga, Pismo ne samo da nam predstavlja Isusa kao našeg potpuno dostatnog Spasitelja; već nas i potiče da idemo njemu i da se pouzdamo u njega. I obećava nam da ćemo, ako to učinimo, primiti oproštenje grijeha i dar oslobađajućeg Duha Svetog. Biblija je puna obećanja o spasenju. Obećava novi život u novoj zajednici onima koji odgovore na poziv Isusa Krista. Isus je jedno takvo obećanje dao Petru na događaju kada im je oprao noge rekavši mu: 'Ti si već čist' (Ivan 13,10). Petar se često morao uhvatiti tog obećanja i vjerovati mu. Čak i kada je zanijekao Isusa, nije bio odbačen. Naravno da se trebao pokajati, trebalo mu je oproštenje, trebalo mu je ponovno poslanje. Ali nije trebao ponovno kupanje, jer je već očišćen. Kako mora da su te Isusove riječi davale sigurnost njegovom srcu i mir njegovoj izmučenoj savijesti.

U sedamnaestom stoljeću, engleski propovjednik John Bunyan napisao je alegoriju o kršćanskom životu pod nazivom 'Put Kršćanina' u kojoj opisuje izazove dvojice putnika, Kršćanina i Nadoljuba. U jednom trenutku priče, njih dvojica se nađu u tvrđavi Sumnjivici u vlasništvu Diva Očajnika. Div ih je zatočio i bili su uplašeni za svoje živote: činilo se da nemaju nikakve mogućnosti izlaza. Međutim, trećeg dana zatočeništva, oko ponoći su 'krenuli moliti i nastavili su tako sve do zore'. Tada je odjednom Kršćanin shvatio da posjeduje ključ Obećanje 'koji može, kako su mi rekli, otvoriti sva vrata u tvrđavi Sumnjivici'. Uz ohrabrenje Nadoljuba, Kršćanin je stavio ključ u bravu od tamnice i 'brava škljocnu i vrata se lako otvoriše'. Istim ključem su otvorili i spoljašna vrata koja vode u dvorište, te željeznu kapiju i Div ih nije uspio zaustaviti.

Vi također imate ključ pod nazivom Obećanje, jer vam ga je Bog dao u Pismu. Jeste li ga ikada upotrijebili kako bi pobjegli iz Dvorca Sumnje? Kada Sotona napada i muči našu savjest, pokušava nas uvjeriti kako za ovakve grešnike poput nas nema oproštenja, samo nas pouzdanje u Božije obećanje pokajnicima može osloboditi mučenja. Kada smo zbunjeni, moramo naučiti osloniti se na obećanja njegovog vodstva; kada smo uplašeni na obećanja njegove zaštite; kada smo usamljeni na obećanja njegovog prisustva. Božija obećanja mogu čuvati naša srca i umove, njegova obećanja o spasenju.

Ovdje bismo trebali spomenuti krštenje i Gospodnju večeru. To su vidljivi znakovi obećanja. Očito je da su voda za krštenje i kruh i vino u euharistiji vanjski i vidljivi znakovi. Međutim, preciznije rečeno, oni su znakovi Božije milosti, znakovi koji vidljivo obećavaju njegovo čišćenje, oproštenje i novi život onima koji se pokaju i povjeruju u Isusa. Tako ohrabruju i jačaju našu vjeru.

> Kada smo zbunjeni moramo naučiti osloniti se na obećanja njegovog vodstva; kada smo uplašeni na obećanja njegove zaštite; kada smo usamljeni na obećanja njegovog prisustva

Zapovijedi za poslušati

Kada je ljude pozvao sebi, Bog im je rekao kakvi želi da budu. Bili su poseban narod; od njih je očekivao posebno ponašanje. Stoga im je dao deset zapovijedi kao sažetak svoje volje, koju je Isus podcrtao u svojoj Propovijedi na gori, otkrivajući njihove uznemirujuće implikacije. Pravednost njegovih učenika, rekao je, mora 'nadilaziti' pravednost književnika i farizeja (Matej 5,20). Bila bi 'veća' u smislu da bi bila dublja, pravednost srca, radosna i radikalna poslušnost iznutra.

U naše je vrijeme posebno važno naglasiti Božiji poziv na moralnu poslušnost, jer to najmanje dvije skupine ljudi niječu. Prvo, postoje oni koji tvrde da je Božija jedna i jedina apsolutna zapovijed ljubav, da su svi ostali zakoni ukinuti i da je ljubav sama po sebi dovoljan vodič za kršćansko ponašanje. Šta god je izraz ljubavi je dobro; kažu; sve što je nespojivo s njom, zlo je. Sigurno je da je istinska ljubav (žrtvovanje sebe u služenju drugima) najistaknutija kršćanska vrlina i slijediti njezin diktat izuzetno je zahtjevno. Ipak, ljubavi trebaju smjernice, a upravo Božije zapovijedi daju te smjernice. Ljubav ne ukida zakon; ispunjava ga (Rimljanima 13,8-10).

Drugo, postoje evanđeoski kršćani koji Pavlove izjave da je 'Krist svršetak zakona' (Rimljanima 10,4) i 'niste pod Zakonom nego pod milošću' (Rimljanima 6,14), tumače kao da kršćani više nisu dužni poštivati Božiji moralni zakon. Pokušavati to činiti, kažu, 'legalizam' je koji proturječi slobodi koju nam je Krist dao. Ali oni pogrešno razumiju Pavla. Jer, 'legalizam' koji je Pavao odbacio nije poslušnost Božijem zakonu, već pokušaj takvom poslušnošću zadobiti Božiju naklonost i oproštenje. To je nemoguće, napisao je, jer 'se po djelima Zakona nitko neće opravdati pred njim' (Rimljanima 3,20).

Međutim, jednom opravdani Božijom čistom milošću (to jest, proglašeni pravednima u njegovim očima nezasluženom naklonošću kroz Krista) mi smo pod obavezom držanja zakona i mi to *želimo* činiti. Zaista, Krist je umro za nas upravo 'da se pravednost Zakona ispuni u nama' (Rimljanima 8,3-4) i Bog je u naša srca stavio svog Duha kako bi u njima upisao svoj zakon (Jeremija 31,33; Ezekiel 36,27; Galaćanima 5,22-23). Naša kršćanska sloboda je stoga sloboda da budemo poslušni, ne neposlušni. Kao što je Isus mnogo puta rekao, ako ga ljubimo držat ćemo njegove zapovjedi (Ivan 14,15.21-24; 15,14). A Božije zapovijedi se nalaze u Pismu.

Tako nam Bog daje u Bibliji:

> Naša kršćanska sloboda je stoga sloboda da budemo poslušni, a ne neposlušni

- otkrivenja o sebi koja nas vode u štovanje,
- obećanja o spasenju koja potiču našu vjeru,
- zapovijedi kao izraze njegove volje koje zahtijevaju našu poslušnost.

To je značenje kršćanskog učeništva. Njegova tri osnovna sastojka su što-vanje, vjera i poslušnost. I sva tri su nadahnuta Riječju Božijom. *Štovanje* je odgovor na Božije samo-otkrivenje. To je obožavajuća zaokupljenost Božijom slavom. *Vjera* je mirno pouzdanje u Božija obećanja. Oslobađa nas od nestal-nosti religioznog iskustva – gore-dole, gore-dole, nedelja uveče, ponedeljak ujutro. Ništa vas od toga ne može osloboditi osim Božijih obećanja, jer su naša osjećanja nestalna, ali Riječ Božija zauvijek ostaje čvrsta. *Poslušnost* je posvećenost Božijoj volji u ljubavi. Spašava nas iz kaljuže moralnog relativizma i postavlja nam noge na stijenu Božijih apsolutnih zapovjedi.

Štoviše, štovanje, vjera i poslušnost – tri sastojka učeništva – gledaju prema van. U štovanju smo zaokupljeni Božijom slavom, u vjeri njegovim obećanjima, u poslušnosti njegovim zapovijedima. Autentično kršćansko učeništvo nikada nije okrenuto ka sebi. Biblija je čudesno oslobađajuća knjiga. Izvlači nas izvan nas samih i umjesto toga, čini nas opsjednutima Bogom, njegovom slavom, obećanjima i voljom. Voljeti Boga na ovaj način (i voljeti druge radi njega) znači biti oslobođen od užasnih okova vlastite egocentročnosti. Kršćanin koji je zaokupljen sobom postaje paralizovan i samo nas Božija riječ može osloboditi od paralize koja nastaje usljed takve egocentričnosti.

Zaključak

Vitalno mjesto Biblije u kršćanskom životu razotkriva ozbiljnost liberalne teologije. Podrivanjem povjerenja javnosti u pouzdanost Biblije, čini kršćan-sko učeništvo nemogućim. Dozvolite mi da objasnim. Svi kršćani se slažu da učeništvo uključuje štovanje, vjeru i poslušnost. Štovanje, vjera i poslušnost su bitni dijelovi našeg kršćanskog života. Ne možemo živjeti kao kršćani bez njih. A ipak, ni jedan nije moguć bez pouzdanosti Biblije.

Kako možemo štovati Boga ako ne znamo ko je, kakav je ili kakvo štovanje mu je ugodno? Kršćani nisu Atenjani koji su štovali neznanog Boga. Moramo znati Boga prije nego ga možemo štovati. A Biblija je ta koja nam govori kakav je Bog.

Ponovno, kako možemo vjerovati ili se uzdati u Boga ako ne znamo nje-gova obećanja? Vjera nije sinonim za praznovjernost, ili za vjerovanje bez dokaza. Vjera je razumno pouzdanje. Počiva na Božijim obećanjima i na

> Bez Božijeg otkrivenja nemoguće je štovanje, bez Božijih obećanja nemoguća je vjera, bez Božijih zapovijedi nemoguća je poslušnost. Stoga je bez Biblije nemoguće učeništvo

karakteru Boga koji je dao ta obećanja. Bez obećanja naša vjera vene i umire. A Božija obećanja se nalaze u Bibliji.

I kako možemo biti poslušni Bogu ako ne znamo njegovu volju i njegove zapovijedi? Kršćanska poslušnost nije slijepa, nego poslušnost u ljubavi, otvorenih očiju. Jer Bog nam je dao svoje zapovijedi u Bibliji i pokazao nam da one nisu teške.

Tako dakle, bez Božijeg otkrivenja nemoguće je štovanje, bez Božijih obećanja nemoguća je vjera, bez Božijih zapovijedi nemoguća je poslušnost. Stoga je bez Biblije nemoguće učeništvo.

Uviđamo li koliko smo blagoslovljeni što imamo Bibliju u rukama? Bog je milostivo omogućio naše učeništvo. Otkrio nam je sebe, svoje spasenje i svoju volju. Omogućio nam je da ga štujemo, da se uzdamo u njega i budemo mu poslušni, drugim riječima, da živimo kao njegova ljubljena djeca u svijetu. Trebamo zato da dolazimo svakodnevno Bibliji sa iščekivanjem. Veliko prokletstvo za naše čitanje Biblije, kad god ono postane ustaljena i dosadna rutina, je da joj ne prilazimo sa iščekivanjem. Ne dolazimo sa pouzdanjem da je Bog voljan, sposoban i da jedva čeka da nam govori kroz svoju Riječ. Trebamo svakodnevno dolaziti Bibliji sa Samuelovom molbom na našim usnama: 'Govori, Gospode, sluga tvoj sluša'. I hoće! Ponekad će nam kroz svoju Riječ dati otkrivenje o sebi; vidjet ćemo nešto od njegove slave; naše srce će biti duboko pokrenuto u nama; i mi ćemo pasti ničice i štovati ga. Ponekad će nam kroz svoju Riječ dati obećanje, prihvatit ćemo ga, uhvatiti ga čvrsto i reći: 'Gospode, neću pustiti dok ovo ne dobijem i dok ne postane istina za mene'. Ponekad će nam kroz Bibliju dati zapovijed; mi ćemo uvidjeti našu potrebu da se pokajemo zbog neposlušnosti, molit ćemo i odlučiti da ćemo njegovom milošću biti poslušni u godinama koje dolaze

Ova otkrivenja, obećanja i zapovijedi ćemo pohraniti u svom umu sve dok naše kršćansko pamćenje postane poput dobro opskrbljenog ormara. Tada ćemo u trenucima potrebe biti u stanju posegnuti unutra i sa njegovih polica uzeti istine, obećanja ili zapovijedi koje su primjerene situaciji u kojoj se nalazimo. Bez toga, sami sebe osuđujemo da nikada ne sazrijemo. Samo ako meditiramo na Riječi Božijoj, slušamo kako nam Bog govori, čujemo njegov glas i odgovaramo mu u štovanju, vjeri i poslušnosti, samo tada ćemo sazrijevati u Kristu.

Trebamo svakodnevno dolaziti Bibliji sa Samuelovom molbom na našim usnama: 'Govori, Gospode, sluga tvoj sluša'. I hoće!

Dodatak

U ovoj knjižici sam se bavio biblijskim 'jučer' (odakle je došla) i o njenom 'danas' (šta nam predstavlja). Pokušao sam razviti jednostavnu, trinitarnu doktrinu Pisma kao poruke koja:

- dolazi od Boga (on ju je govorio i govori je)
- se usredotočuje na Krista (on svjedoči za nju dok ona svjedoči o njemu)
- je nastala tako što je Duh Sveti govorio kroz ljudske autore (tako da se njegove i njihove riječi podudaraju).

Praktična korist Biblije danas, i za crkve i za kršćane pojedince, ovisi o našem prihvatanju njenog božanskog porijekla i svrhe. Sam Pavao kombinuje ove stvari kada opisuje svo Pismo kao s jedne strane 'Bogom nadahnuto', i sa druge, 'korisno' (2. Timoteju 3,16-17). Korisno je za nas 'za poučavanje, uvjeravanje, popravljanje, odgajanje u pravednosti' posebno jer je nadahnuto iz usta Božijih. Zato naš pogled na Bibliju i naša upotreba Biblije idu ruku pod ruku. Važno je šta mislimo o njoj.

> Čeznem da je vidim vraćenu u srcima i domovima kršćana i ustoličenu na propovjedaoncima svijeta. Samo tada crkva može ponovno čuti i držati Božiju Riječ

Duboko sam uznemiren ležernim stavom prema Bibliji koji su mnogi usvojili i čeznem da je vidim vraćenu u srcima i domovima kršćana i ustoličenu na propovjedaonicama svijeta. Samo tada crkva ponovno može čuti i držati Božiju Riječ. Samo tada će Božiji narod naučiti povezati svoju vjeru sa svojim životom dok nastoji primijeniti učenja Pisma na svoje moralne standarde, ekonomski stil života, brak i porodicu, posao i državljanstvo. Samo tada kršćani mogu biti sol i svjetlo, kao što je Isus rekao da trebaju biti i utjecati na kulturu svoje zemlje, njene institucije i zakone, vrijednosti i ideale.

Međutim, ta praktična korist Pisma – za crkvu i kršćane, dom i narod – ne bi trebala, biti naš glavni razlog zašto čeznemo za njenim povratkom, nego bi taj razlog radije trebao biti slava Božija. Ako Bibliju s pravom možemo nazvati 'Riječju Božijom' (iako je govorena riječima ljudi), tada je jasno da zanemariti nju znači zanemariti *njega*, dok slušati nju znači slušati njega. Najvažniji razlog zašto bismo trebali dozvoliti da 'Riječ Kristova neka u svem bogatstvu prebiva u vama!' (Kološanima 3,16) nije da ćemo njome biti obogaćeni, nego da će on time biti počašćen i proslavljen. On želi da imamo kršćansku misao i kršćanski život. Ali, da bismo imali kršćansku misao moramo imati njegovu misao, 'misao Kristovu' (usp. 1. Korinćanima 2,16; Filipljanima 2,5). A naša misao može biti prilagođena Božijoj misli samo kada je natopljena njegovom Riječju. To je zašto trebamo Božiju Riječ za današnji svijet.

> Naša misao može biti prilagođena Božijoj misli samo kada je natopljena njegovom Riječju

Za daljnje čitanje

Otkrivenje, nadahnuće i autoritet

God Has Spoken by J. I. Packer (Baker, 978-0-80107-128-7, 3rd ed. 1994).
Know the Truth by Bruce Milne (IVP UK, 978-1-78359-103-9, 3rd ed. 2014), Part I.
Taking God at His Word by Kevin DeYoung (IVP UK, 978-1-78359-122-0, 2014)
Words of Life by Timothy Ward (IVP UK, 978-1-84474-207-3, 2009)

Razumijevanje Bibije

Understanding the Bible by John R. W. Stott (Scripture Union, 978-1-85999-640-9, Rev ed. 2003).
Knowing Scripture by R. C. Sproul (IVP US, 978-083083-723-6, 2nd ed. 2009), chapters 3-5.
A Guide to Interpreting Scripture by Michael Kyomya (Hippobooks, 978-9-96600-308-9, 2010)
Introducing the Old Testament by John Drane (Lion Hudson, 978-0-74595-503-2, 2010)
Introducing the New Testament by John Drane (Lion Hudson, 978-0-74595-504-9, 2010)

Proučavanje Biblije

Knowing Scripture by R. C. Sproul (IVP US, 978-083083-723-6, 2nd ed. 2009), chapters 1-2 and 6.
Dig Deeper by Andrew Sach (IVP UK, 978-184474-431-2, 2010)
Dig Even Deeper by Andrew Sach (IVP UK, 978-184474-432-9, 2011)

Jedinstvo Biblije

God's Big Picture by Vaughan Roberts (IVP UK, 978-184474-370-4, 2009)
Biblical Theology in the Life of the Church by Michael Lawrence (Crossway, 978-143351-508-8, 2010)
From Creation to New Creation by Tim Chester (Good Book, 978-190831-785-8, 2010)
Salvation Belongs to Our God by Christopher J. H. Wright (Langham Global Library, 9781907713071, 2013)

Langham Literatura je služba Langham Partnerstva

Langham Parterstvo je globalna zajednica koja djeluje na ostvarenju vizije koju je Bog povjerio njegovom utemeljitelju John Stott-u

> *-kako bi se unaprijedio rast crkve u zrelosti i Kristolikosti kroz podizanje standarda biblijskog propovijedanja i poučavanja*

Naša vizija je vidjeti crkve u svijetu opremljene za misiju i rast u zrelosti u Kristu kroz službu pastora i vođa koji vjeruju, poučavaju i žive po Riječi Božjoj.

Naša misija je ojačati službu Riječi Božje kroz:
• Njegovanje nacionalnih pokreta za biblijsko propovjedanje
• Poticanje stvaranja i distribuiranja evanđeoske literature
• Osnaživanje evanđeoskog teološkog obrazovanja
posebno u zemljama u kojima crkve nemaju dovoljno resursa

Naša služba

Langham propovjedništvo surađuje sa nacionalnim vođama u njegovanju autohtonog pokreta biblijskog propovijedanja za pastore i laike propovjednike širom svijeta. Uz podršku tima trenera iz mnogih zemalja, seminari od nekoliko nivoa pružaju praktični trening nakon koga slijedi i program za trening lokalnih koordinatora. Lokalne grupe propovjedništva, te nacionalne i regionalne mreže osiguravaju kontinuitet i stalni razvoj, nastojeći izgraditi snažne pokrete koji su posvećeni ekspoziciji (izlaganju) Biblije.

Langham literatura pruža pastorima, akademicima i teološkim ustanovama u zemljama razvoja pomoć sa evanđeoskom literaturom i elektronskim resursima kroz donacije, popuste i distribucije. Program također potiče stvaranje autohtonih evanđeoskih knjiga za pastore na raznim jezicima, kroz trening radionice za pisce i urednike, pisanje, prijevod, ojačava lokalne evanđeoske izdavačke kuće i ulaže u velike regionalne projekte za literaturu poput Biblijskih komentara kao što je The Africa Bible Commentary (Afrički Biblijski Komentar)

Langham akademici pruža financijsku podršku za evanđeoske studente iz zemalja u razvoju kako bi završili svoje doktorate, i tada se vratili u svoje zemlje da bi podučavali na teološkim školama i trenirali pastore i druge kršćanske vođe kroz zdravo, biblijsko i teološko naučavanje. Program oprema one koji opremaju druge. Langham *scholars* također radi u partnerstvu sa teološkim školama u svijetu na jačanju evanđeoskog teološkog obrazovanja, čime raste broj Langham *scholars* doktorskih studija visoke kvalitete u samim zemljama u razvoju. Jednako kao i poučavanje sljedeće generacije pastora, diplomirani Langham akademici ostvaruju značajan utjecaj kroz svoja pisanja i vodstvo.

Ako želite više saznati o Langham Partnerstvu i onome što radimo posjetite **langham.org**

www.ingramcontent.com/pod-product-compliance
Lightning Source LLC
Chambersburg PA
CBHW060202070426
42447CB00033B/2281